କବିତା ସଂକଳନ

କହିବାର
ଯାହାଥିଲା

- ପୁଷ୍ପାଞ୍ଜଳି ପଣ୍ଡା -

STORYMIRROR
Stories that reflect you

Copyright © 2023 Puspanjali Panda

This is a work of poetry. The author asserts his/her moral right to be identified as the owner of her intellectual property.

All Rights Reserved

KAHIBAR JAHA THILA
First Edition: June 2023
Printed in India

Typeset in Kalinga

ISBN: 978-81-964140-7-8

Book Layout by: StoryMirror

STORY**MIRROR**
Stories that reflect you

Publisher:	StoryMirror Infotech Pvt. Ltd.
	7th Floor, El Tara Building, Behind Delphi Building,
	Hiranandani Gardens, Powai, Mumbai,
	Maharashtra - 400076, India.
Web:	storymirror.com
Facebook:	@storymirror
Instagram:	@storymirror
Twitter:	@story_mirror
Contact Us:	marketing@storymirror.com

No part of this publication may be reproduced, be lent, hired out, transmitted or stored in a retrieval system, in form or by any means, electronic, mechanical, photocopying, recording or otherwise, without the prior permission of the publisher. Publisher holds the rights for any format of distribution.

ଉତ୍ସର୍ଗ

ମୋ ଜୀବନ ସାଥୀ,

ମୋ ମନର ମଣିଷ ,

ଯାହାଙ୍କ ସ୍ନେହରେ,

ପ୍ରେମରେ, ଭଲପାଇବାରେ

ମୁଁ ଏଯାଏଁ ଚାଲୁଛି,

ମୋ କଲମ ଚାଲୁଛି

ସେହି ପ୍ରିୟତମଙ୍କ ପାଦତଳେ

ମୋର ଏ ଦ୍ୱିତୀୟ ପୁସ୍ତକ ସମର୍ପିତ।

ପୁଷ୍ପାଞ୍ଜଳି

କବିତା କ୍ରମ

କଳାରଙ୍ଗ // ୧୩

ପ୍ରେମସ୍ୱପ୍ନ // ୧୪

ମନେପଡ଼େ ବେଶି // ୧

ପ୍ରତ୍ୟୟ // ୧୬

କାରଣ // ୧୭

ଆସ // ୧୮

ଭାବ // ୧୯

ଜନ୍ମଦିନ // ୨୦

ଦୂର // ୨୧

କାଶଫୁଲର ଗାଁ // ୨୨

ଭଲନୁହେଁ // ୨୪

ଦୁଃଖ ନାହିଁ // ୨୬

ଆଉଥରେ // ୨୭

ପର // ୨୮

ରୋଷଣୀ // ୩୦

ଝିଅ ବିଦାବେଳ // ୩୧

ଶୀତର ଗନ୍ଧିଲି //୩୩

ଜରୁରୀ // ୩୫

ପ୍ରୀତିପ୍ରଦ// ୩୬

ଶୀତ ଗୀତ // ୩୭

କହିପାରୁନାହିଁ // ୩୮

ଚିହ୍ନା ଚିହ୍ନା // ୪୦

ଭୋକ // ୪୧

ମୋତି // ୪୨

ପ୍ରେମିକା ଏକ ସ୍ମୃତି // ୪୩

ସାଇଁ // ୪୪
ନାରୀ // ୪୫
ପ୍ରତାରଣା // ୪୭
ଈଶ୍ୱର // ୪୮
ଉଜାଗର // ୪୯
ଗାଁ ରୁ କିଛି // ୫୦
ପ୍ରେମମୟ-୧ // ୫୨
ଦୁଃଖ // ୫୪
ଶକ୍ତି // ୫୫
ମୁଁ ଓ ମୋ କବିତା // ୫୬
ବ୍ୟଥା // ୫୭
ଶରଣ // ୫୮
ଏବେ // ୫୯
ନୀରବକୋଲାହଳ // ୭୦
ମନଝୁରେ // ୭୧
ଧୂଆଁ // ୭୩

ଅଛୁଆଁ // ୬୪
ବୈଭବ // ୬୫
ଖୁସୀ // ୬୬
ବେରଙ୍ଗ // ୬୭
ବିଶ୍ୱ ବଳୟ // ୬୯
ମୂଳ // ୭୧
ରାସ୍ତା // ୭୨
ବୋଝ // ୭୩
ପଲ୍ଲୀବଧୂ // ୭୪
ଭିଡ଼ ବି ସୁନ୍ଦର // ୭୫
ଶତାନବେର ସାହସ // ୭୬
ବେଡ଼ ନମ୍ବର ଅଶୀଷଠି // ୭୮
ସ୍ୱର୍ଣ୍ଣ // ୮୦
ଅନୁତାପ // ୮୧
ସୁସ୍ଥ ଚେତନାରେ // ୮୨
ହେ ନୀଳାଦ୍ରିଶ // ୮୩

ଫେରିବା ବେଳା // ୮୬

ବାଜିମାତ୍ // ୮୮

ଦୁଃଖ ପ୍ରଶମନ // ୯୦

ଥରେ ଆସ // ୯୨

ଅକୁହା // ୯୩

ବୋଉ ଓ ପିଲାଦିନ // ୯୫

ବେଶୀ ଭଲପାଏ // ୯୬

ମୋ ଗାଁ ନଇ ଓ ତମେ // ୯୮

ଘିଅ ପଖାଳ // ୧୦୦

ରଙ୍ଗ ପରବ // ୧୦୧

କହିବାର ଯାହା ଥିଲା -୧ // ୧୦୩

କହିବାର ଯାହା ଥିଲା -୨ // ୧୦୪

କହିବାର ଯାହା ଥିଲା -୩ // ୧୦୫

କହିବାର ଯାହା ଥିଲା -୪ // ୧୦୬

କହିବାର ଯାହା ଥିଲା -୫ // ୧୦୭

କହିବାର ଯାହା ଥିଲା -୬ // ୧୦୯

କହିବାର ଯାହା ଥିଲା -୭ // ୧୧୦

କହିବାର ଯାହା ଥିଲା -୮ // ୧୧୨

କହିବାର ଯାହା ଥିଲା -୯ // ୧୧୩

କହିବାର ଯାହା ଥିଲା -୧୦ // ୧୧୪

କହିବାର ଯାହା ଥିଲା -୧୧ // ୧୧୬

କହିବାର ଯାହା ଥିଲା -୧୨ // ୧୧୭

କହିବାର ଯାହା ଥିଲା -୧୩ // ୧୧୯

କହିବାର ଯାହା ଥିଲା -୧୪ // ୧୨୦

କହିବାର ଯାହା ଥିଲା -୧୪ // ୧୨୨

ଜାଣିଛି // ୧୨୪

ପ୍ରେମରେ ବଞ୍ଚିବା // ୧୨୬

ଅଭିଯୋଗ // ୧୨୮

ଅମୃତ ମୟ ସୃଷ୍ଟିରେ // ୧୩୦

ଭଲପାଏ ବୋଲି // ୧୩୨

ତୁମ ଗାଁ // ୧୩୪

ଛୋଟ ବଡ଼ // ୧୩୬

ଅଲକା ସାନ୍ୟାଲ // ୧୩୮

ଜୀବନ ଚିନ୍ତା // ୧୪୦

ଯାତ୍ରା ସଙ୍ଗୀତ // ୧୪୨

ପ୍ରିୟ ଭୂମି // ୧୪୪

ତାରକାର ଲୁହ // ୧୪୮

ଜୀବନ ସଙ୍ଗୀତ // ୧୫୦

କବିତା ଓ କଙ୍କାଳ // ୧୫୩

କାଳିଜାଇ // ୧୫୫

ମୁକ୍ତି // ୧୫୮

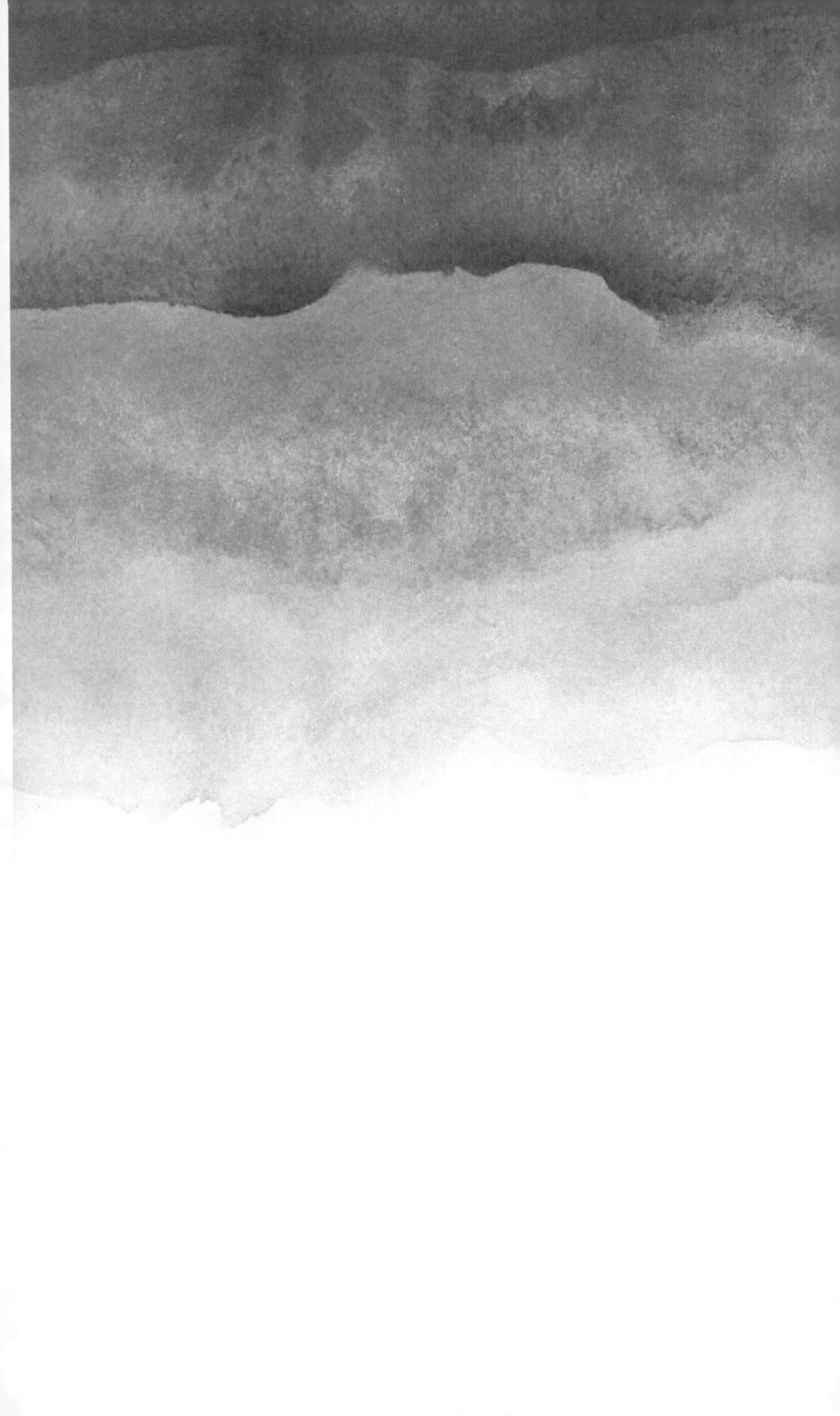

ଧଳାରଙ୍ଗ

ଜୀବନ ରଥ ଟଣାର
ଭିଡ଼ା ଓଟରାରେ
ଛାଡ଼ି ଯାଏ
କାହିଁ କେତେ ରଙ୍ଗ।
ରଙ୍ଗାଅଧରର ନାଲି
ଲୁଚିଯାଏ, ହଜିଯାଏ
ଦିଶଇ ବେରଙ୍ଗ।
କଳାକାହ୍ନୁ କଳାମୁହଁ
ଫିକା ଦିଶେ, ଧିରେ ହସେ
ଶ୍ରୀ ବିନା, ଶ୍ରୀହୀନ ଶ୍ରୀମୁଖ ଶ୍ରୀଅଙ୍ଗ।
ସବୁ ରଙ୍ଗ ମିଳିଗଲେ ରଙ୍ଗ ଧରିବାଟା
ସେତେ ନୁହଇ ସହଜ।
ସମୟ ତ ବଦଳାଏ
ମଣିଷ ମଗଜ।
ନିଜରଥ ଟାଣୁଥାଏ ଆଉକିଏ
ଜାଣିବାରେ ମଣେ ଅସହଜ।
ଭାବର ସହରେ ଲାଗେ ଅଭାବର ଦୁଃଖ
ଯାତ୍ରା ଶେଷେ ଧଳାରଙ୍ଗ ଦେଇକି ପାରିବ
କେବେ କାହା ପାଇଁ ସୁଖ ?
ନଅ ଦିନ ନବରଙ୍ଗ ସରିଗଲେ ହୁଅଇ ପହଡ଼।
ତଥାପି ତ ବି ଏ ମଣିଷ ଧାଇଁ ବାରେ ଶେଷନାହିଁ।
ଖୋଜୁଅଛି ନୀଳରଙ୍ଗ ସୁଖର ଉହାଡ଼।।

ପ୍ରେମ ସ୍ୱପ୍ନ

ମନ ଭିତରକୁ କଣେଇ ଚାହିଁଲେ
ମନୁଆ ମନଟା ଦଉଛି କହି ।
ତୁମେ ମୋ ସପନେ ଗୋପନରେ ଆସି
କରନ୍ତକି? ମତେ ଉଛୁଳା ନଈ।
ନହଉ ସକାଳ ନିଦ ଟଳମଳ
ଆଖିରେ ମୋର ଯାଆନ୍ତ ରହି ।
ଅଭିମାନ ଯେତେ ଭୁଲି ଯାଇ ସତେ
ମିଠା ଦରଦକୁ ଯାଆନ୍ତେ ସହି ।
ତୁମେ ହଜିଯାନ୍ତ ମୋ ଭିତରେ
ମୁଁ, ହଜିକି ଖୋଜନ୍ତି ତୁମ ଭିତରେ
ଉଷୁମ ପରଷେ ମଜିଣ ହରଷେ
ହାରିକି ଜିତିବା ଖେଳ ଖେଳରେ ।
ଆଶାର ଆକାଶେ ନିରାଶା ଘୋଟଇ
ଭାଙ୍ଗି ଯାଏ ଯେବେ ସପନ ଦେଖା ।
ମନ ଗହନର ନନ୍ଦନ ବନେ
ବାଟବଣା ହୁଏ ହେ ପ୍ରାଣ ସଖା ।
ଯଦି କେଉଁ ଦିନ ଆଖି ହେବ ମୌନ
ସବୁ ସ୍ୱପ୍ନ ଥିବ ଏକା ଠି ହୋଇ ।
ଆଖି ବୁଜିଦେବ ସବୁ ଦେଖା ଯିବ
କେତେ ଯେ ଗଭୀର ଏ ପ୍ରେମ ନଈ ।

ମନେପଡ଼େ ବେଶି

ବର୍ଷା ଭିଜା ଏ ନିସଙ୍ଗ ସଂଧ୍ୟା
ଶୁନଶାନ୍ ଖାଅଁ ଖାଁଆ ଲାଗେ
ଝରି ଝରି ସରି ଯିବା ଆଗରୁ
ସାଥୀ ତୁମ ସଙ୍ଗ ଟିକେ ମାଗେ
ସବୁକଥା ସତେ କଣ ଆମର ସରିଛି!
ଜଣା ତ ପଡ଼ିନି ଜମାକେବେ
ଲମ୍ବା ରାସ୍ତା ସରିଆସିଲାଣି
କିଛି କଥା ବାକି ବି ରହିଛି ।
ଅଳସଅବସ ଦେହ ବେଳେବେଳେ ଭଲ
ଆହା ପଦେ ତୁମ ଓଠ କହେ
ପ୍ରେମ ଫ୍ରେମ ଥାଉ ବା ନଥାଉ
ଲାଗିରହେ ଗହଳ ଚହଳ ।
ବର୍ଷା ଭିଜାଏ ମନ ଆଖି ବି ଭିଜୁଛି
ତୁମେ ମନେପଡ଼ ବେଶି ବେଶି
ଓଦାଓଦା ଆଖି ପତା ଭଲପାଅ ବୋଲି
ଏଯାଏ ଏ ବର୍ଷା ବି ବର୍ଷୁଛି ।
ଅନ୍ତରଙ୍ଗ ନଥାଇ ବି ଅନ୍ତରଙ୍ଗ ତୁମେ
ସଂସାରର ଡୋର ବାନ୍ଧି ନାହିଁ
ସୁଖ ଦୁଃଖ ତୁମ ସହ ବାଣ୍ଟି ନାହିଁ ସତ
ଏ ସଂସାରଟା ସବୁ ତୁମ ନାମେ ।

ପ୍ରତ୍ୟୟ

ମହାପ୍ରଭୁ,
କେବେ ଯଦି ଦେଖିବାକୁ ହୁଏ ଏଠି
ହତାଶର ନିରାଶାର ମୁଖ,
କାହିଁକି କରିବି ଦୁଖ ?
"ତୁମେଅଛ" ଏଇ ସେ ପ୍ରତ୍ୟୟ ।
ଭରିଦେବ ଅନ୍ତରରେ ଅସରନ୍ତି ସୁଖ ।
ତୁମରି ଇଚ୍ଛାରେ ହୁଏ ପ୍ରଥମରୁ ଶେଷ ଯାଏ
ବଦଳିବା ଥୟ ।
ବଦଳେ ମଣିଷ ଆଉ ବଦଳେ ସମୟ ।
ଦୁଃଖ ଏଠି ସୁଖ ବି ପାଲଟେ
ଧୂଧୂ ଖରା ଲାଗେ ଛାଇପରି ପୁରା ସୁଖମୟ।
ମନର ଆଇନା ଦେଖେ
ଜୀବନରେ ଯେତେ ଜଳଛବି ।
ହେଲା କି ନହେଲା
କିଏ ଦେଲାକି ନ ଦେଲା ଏତେ କାହିଁକି ଭାବିବି ।
ହେଇପାରେ କାଲିକୁ ମୁଁ ଥିବି କି ନଥିବି ,
ଏଇ ଅଛି ଏଇ ନାହିଁ ଖେଳରେ
ମୁଁ ମଶାଣିର ପାଉଁଶ ହୋଇବି ।
ଆଜି ଅଛି ଆଜି କଥା ଆଗ ବିଚାରିବି ।

କାରଣ

ରୌଦ୍ର ତାପରେ
ପୃଥିବୀ ପାଲଟିଛି ବହ୍ନି
ଟିକେ ଧାସରେ
ପୋଡ଼ି ଯାଉଛି ଧରା।
ଦେଖ, ଆକାଶୁ ମାଟି ଯାଏ
ଘୋଟିଯାଇଛି ଖରା।
ବର୍ଷା କଥା? ଘୁରିଯିବ ମଥା।
ମୌସୁମୀର ଅଭିମାନ
ଜାଳାଏ ପିଣ୍ଡ ପରାଣ।
ଟୋପାଏ ବର୍ଷା ପାଇଁ
ମନରେ ଦୁର୍ବାର ଆକର୍ଷଣ ! ଅଥଚ
ତମେ ଆଉ ବିଗତ ବର୍ଷା
ମୋ ବଞ୍ଚିବା କାରଣ ।

ଆସ

ଆସ,
ଆଉ ଡେରି କରନା
ଏଇ ତ ରଥ ଠିଆ ହେଲାଣି
ଡେରି କାହିଁକି କର ଯେ !
ଢଳି ଢଳି ଆସୁଛ ଏତେ ଡେରି କରୁଛ
ଭଗତଙ୍କ ଧୈର୍ଯ୍ୟର ପରୀକ୍ଷା ନଉଛ
ଟିକେ ଦେଖ
କିଏ ଦୁଃଖର ପାହାଡ଼ ମୁଣ୍ଡେଇ
କିଏ ସଂସାରକୁ ପଛରେ ପକାଇ
କିଏ ପ୍ରେମରେ ଉବୁଟୁବୁ ହୋଇ
ଦୌଡ଼ି ଆସିଛି
ଆଖି ପୁରେଇ,
ମନ ପୁରେଇ ତୁମକୁ ଟିକେ ଦେଖିବା ପାଇଁ
ଜଲଦି ଆସ ...
ଦେଖ ବଡ଼ଦାଣ୍ଡର ଗହଳିକୁ ,
ହେଇ ଦେଖ ସେଇଠିକୁ
କେମିତି ତୁମ ଅପେକ୍ଷାରେ
ଦେଖା ଅଦେଖା ସୁଖୀ ଦୁଃଖୀ ମାନେ
ଡହଳ ବିକଳ
ଆଉ ଡେରି କରନା,
ଆସ ...

୧୮ ॥ କହିବାର ଯାହା ଥିଲା

ଭାବ

ତୁମେ ମୋ ମନର ଶୂନ୍ୟ ଇଲାକା
ଭରିବାର ଆଶା ନାହିଁ ।
ପଛକୁ ଫେରିବା ଜାଣିନାହିଁ ବୋଲି
ଆଗକୁ ପଳାଏ ଧାଇଁ।
ସମୟକୁ ନେଇ ପୁଣି ଲେଉଟାଣି
ଏ ଜନ୍ମେ ନହେଲା ନାହିଁ।
ଆର ଜନମରେ ଦୁହେଁ ଏକହେବା
ଏ ବିଶ୍ୱାସ ବି ରଖିନାହିଁ।
ସରଳ ରେଖାର ଦୁଇ ଧାର ଆମେ
ଚାଲୁଛେ ଏକାଠି ହୋଇ ।
କେବେନା କେବେ ତ ଛକି ପଡିଯିବ
ଦୁହିଁଙ୍କୁ ଦେବ ମିଶାଇ।
ସମୟର ସେହି ମାହେନ୍ଦ୍ର ବେଳାଟି
ସୁଖ ଖୁସି ସାଉଁଟିବ ।
ସମ୍ପର୍କର ଭାବ ଥାଉ ସେହିପରି
ଆଶାରେ ତ ବଞ୍ଚି ହେବ ?

ଜନ୍ମଦିନ

ସଭିଏଁ ପାଳନ୍ତି ତୁମ ଜନ୍ମଦିନ
ବିଜୁଳି କନ୍ୟାକୁ ଭୁଲି।
ପାଗଳ ହୁଅନ୍ତି ଦେଖିବାପାଇଁ କି
ଟିକେ ତୁମ ମୁହଁ ଲାଲି।
ତୁମ ପୂଜାର୍ଚ୍ଚନା କରୁଛି ଜଗତ
ଅଷ୍ଟମୀ ତିଥିରେ ଆଜି।
ମା ଯେ ଧରାରେ ଅବତରି ଥିଲେ
କଂସ ମୃତ୍ୟୁ ଦୂତ ସାଜି।
ବର୍ଷଣ ମୁଖର ସେ ରାତି ସତେକି
ନୁଆଇଁ ଥିଲା ତା ମଥା।
ଶକ୍ତୀସ୍ୱରୁପିଣୀ ଜଗତ ଜନନୀ
ଗଲେ କଂସ ହାତୁ ଯଥା।
ଗୋପ ନଗରରେ କଳାକାହ୍ନୁ ଯେବେ
ଆରମ୍ଭିବେ ଗୋପଲୀଳା।
ଆକାଶ ପାତାଳ ଆଉ ସ୍ୱର୍ଗପୁର
ଲୋକେ ହୋଇବେ ବାଉଳା।
ଅସତ୍ୟ କଟିବ ପାପ ହଟିଯିବ
ସତ୍ୟର ବିଜୟ ବାନା।
ଉଡ଼ାଇବ ନିଶ୍ଚେ ଅବତାର ନେଇ
ଗୋପର କାଳିଆ କାହ୍ନା।

ଦୂର

କେତେ ଦୂର ଯାଣିଛ?
କେବେ ତ ଯାଇନ ସେଠିକୁ,
ପାଖ ବାଟ କି ଦୂର ବାଟ
କେମିତି ଯାଣିଲ ?
ମୁଁ ଯାଇନାହିଁ ସତ,
ମୁଁ ଦେଖି ନାହିଁ ସତ,
ଖାଲି ଶୁଣିଛି।
କେଉଁ ଦେଶ, କେଉଁ ଗାଁ,
ଯିବାର ମାଧ୍ୟମ
କିଛି ଜାଣିନି ସତ ।
କିନ୍ତୁ ମୁଁ, ତମେ, ଆମେ ସମସ୍ତେ ଯିବା
ଏକଥା ଖାଣ୍ଟି ସତ।।
ଡରି ଗଲକି ?
ଯିବା ସହ ମୃତ୍ୟୁକୁ ଯୋଡ଼ି ଦେଲ କି ?
ପଚାରି ତ ହେବନି,
ଯାତ୍ରୀ ମାନଙ୍କୁ , ଯିଏ ଥରେ ଯାଇଛି।
ଫେରିଛି କି?
ଖୁବ୍ ଦୂର କି ଖୁବ୍ ପାଖ....!
ଜାଣିବା ଦରକାର ନାହିଁ
ଦେଖିବା ଦରକାର ନାହିଁ
ଦେହ କୋଉ ସାଙ୍ଗରେ ଯାଏକି?
କଣ ଯାଏ କେମିତି ଯାଏ
ବଞ୍ଚିବା ପାଇଁ କି ସଂଗ୍ରାମ ଏଠି
ଅହରହ ଦେଖୁନାହଁ କି ?

କାଶଫୁଲର ଗାଁ

ନିର୍ମଳ ଶରତ ଆରମ୍ଭ ହେଉଣୁ
କାଶତଣ୍ଡୀ ଫୁଟି ଯାଏ ।
ଧବଳ ରଙ୍ଗର ଫୁଲ ଓଢ଼ଣୀରେ
ନଈପଠା ହସୁଥାଏ ।
ଫୁଲେଇ ନଈର ନୀଳ ନୀଳ ପାଣି
କଳ କଳ ବହୁଥାଏ ।
ପାହାଡ଼ ସେପାଖେ ରୂପାଥାଳିଜହ୍ନ
ଧିରେଧିରେ ଉଠୁଥାଏ ।
ଆକାଶ ପୃଥିବୀ ସତେକି ଯେମିତି
ଏକାକାର ହୋଇ ଯାଏ ।
ଦଣ୍ଡା ମୁଣ୍ଡ ପଟୁ କାଳିଆ କସରା
ଗାଈ ଗୋଠ ଫେରୁ ଥାଏ ।
ନଡ଼ା ଛପରର ଚାଳ ଚିରି ଯହିଁ
ଧୂଆଁ ଉପରକୁ ଯାଏ ।
କଖାରୁ ଫୁଲର ପସରା ସଜେଇ
ପିଢ଼ା ପିଣ୍ଡା ଦୁଲୁକାଏ ।
ନଈକୂଳ ଆଡୁ ଥଣ୍ଡା ପବନଟା
ସାଇଁ ସାଇଁ ବହୁଥାଏ ।
ମନ୍ଦିରର ଘଣ୍ଟ, ଘଣ୍ଟା, ଆଳତୀର
ମିଠା ସୁର ବାଜୁଥାଏ ।

ରାତିର ସାଥୀ ସେ ଝିଙ୍କାରୀର ଗୀତି
ଟିଁ ଟିଁ ଶୁଭୁଥାଏ ।
ସୁରୁଜ କିରଣ ସକାଳୁ ସକାଳୁ
ସୁନାରେଣୁ ବୁଣୁଥାଏ ।
ଏତେ ଅପରୂପ ଶୋଭାରେ ଶୋଭିତ
ହୋଇଛି ଆମରି ଗାଁ ।
ନୂଆ ନାମଟିଏ ଦେଲି ଆଜିଠାରୁ
"କାଶଫୁଲ" ତାର ନାଁ ।

ଭଲନୁହଁ

ଆସ ,ଆମେ ଆଉ ଟିକେ
ଲଢ଼େଇ କରିବା,
ଯେତେ ଯାହା ଅଭିଯୋଗ
ବଖାଣି ବସିବା
ମାପିଚୁପି କଥାବାର୍ତ୍ତା
ଏତେ ପୁଣି ଚୁପ୍ ଚାପ୍
ଜମା ଭଲନୁହଁ ।।
ଦେଖ ବରଷା ଝରୁଛି ,
ମାନ ଅଭିମାନ ସବୁ
ଓଦା ହୋଇ ପାଣିରେ ଭାସୁଛି
ଅଙ୍ଗ ଖୋଜୁଅଛି ଖାଲି
ତୁମ ଅଙ୍ଗସଙ୍ଗ
ପାଖକୁ ଯିବାକୁ ପୁରା
ଅଥୟ ସର୍ବାଙ୍ଗ
ଆସ,ଆଉଥରେ ସାଙ୍ଗ ହୋଇ
ବର୍ଷାରେ ଭିଜିବା,
କିଏ କହେ ଓଦା ହେବା
ଜମା ଭଲନୁହଁ ?
ଆସ, ଆଉଥରେ ସାଥୀହୋଇ
ଜହ୍ନକୁ ଦେଖିବା,

ଜହ୍ନ ବୁଡିଗଲା ପରେ
ବହଳିଆ ଅନ୍ଧାରରେ
ଦୁହେଁ ପୁଣି ଦୁହିଁଙ୍କୁ ଖୋଜିବା,
ଦୂରେଇ କି ରହିବାଟା
ଜମା ଭଲନୁହେଁ ।।
ତୁମେ ଅଛ ଏଠି ଆଉ
ମୁଁ ବି ବସିଛି
ମନ୍ଦ ମଳୟର ମିଠା
ପରଶ ବାଜୁଛି
ଆସ ଆଖିରେ ଆଖିଏ
ନିଦ ସପନ ଖୁନ୍ଦିବା
ନିଘୋଡ଼ ନିଦରେ ଦୁହେଁ
ଚାଲ ଶୋଇଯିବା
ସ୍ୱପ୍ନ ବିନା ନିଦ ସତେ
ଜମା ଭଲ ନୁହେଁ ।।
ଅଫେରା ସମୟ କେବେ
ଫେରେନାହି ବୋଲି,
ଏହି ସମୟକୁ ଆଉ
ଦେବା ନାହିଁ ଠେଲି
ଆସ, ଟିକେ ବସି ଦୁହେଁ
ଗପସପ ହେବା
ଏତେ ମାନ ଅଭିମାନ
ଜମା ଭଲ ନୁହେଁ ।।

ଦୁଃଖ ନାହିଁ

ମିଠା ପ୍ରେମ ଆଉ ଅନୁରାଗ,
ଜୀବନ ଭରା ବୈଭବ
ଏତେ କିଛି ବିଭବର ଅଧିକାରୀ ହୋଇ
ବିଭାଜିତ ଲାଗେ ମତେ କାହିଁ !
ସୁଖର ରଙ୍ଗରେ ବୁଡ଼ି ବେରଙ୍ଗରେ
ସାଜିଲି ବା କାହିଁ।
କେମିତି ଅଟକି ଗଲା ଜୀବନର ଗତି
କେବେ ଜାଣି ପାରିଲି ତ ନାହିଁ !
ହାରିକି ବି ଜିତିଗଲି
ତମ ପାଖେ ମୁହିଁ
ପଛକୁ ଫେରିବା ବାଟ ଭୁଲିଗଲି
ଫେରିପାରୁ ନାହିଁ।
ଫେରି ନ ପାରିଲି ନାହିଁ, ଦୁଃଖ ନାହିଁ
ବାଟରେ ଘାଟରେ ଯଦି ଦେଖା ହେବ
ହସିପଦେ କଥାହେବ
ବାଟ ଭାଙ୍ଗି ଚାଲିଯିବ ନାହିଁ।
ତୁମ ହସ ହସ ମୁହଁ
ଖୋରାକ ଯୋଗାଇ ଦେବ ବଞ୍ଚିବାର !
ହସି ହସି କଥା ଦେଲେ କହି।

ଆଉଥରେ

ସ୍ୱପ୍ନ ପରି ଲାଗୁଛି,
ସେଦିନର ଟିକେ ଦେଖା ତମ ସହ
କେଇଟା ମୁହୂର୍ତ୍ତର
ଆଖି ମିଶାଇ ଚାଲିଗଲ
ପୁଣିଥରେ ଆସନ୍ତନି
ମିଛରେ ହେଉପଛେ
ମୋ ମନକୁ ସତସତିକା
ଖୁସୀ ମିଳନ୍ତା
ଆଉ କିଛି ଦିନ
ସ୍ୱପ୍ନରେ ,
ତମ ସହ ବଞ୍ଚି ହୁଅନ୍ତା

ପର

କେମିତି ତମେ ଏତେ କଷ୍ଟ ସହିପାର
ପ୍ରେମରେ, ଭଲପାଇବାରେ
ନିଜକୁ ଭୁଲିଯାଇ
ଅନ୍ୟଜଣକୁ ମନେରଖିପାର
କାହିଁ ମୁଁ ତ ପାରୁନି
ଆଉ କାହା କଥା ଭାବି ବି ପାରୁନି
ଏମିତି କେମିତି
ଏତେ ସହଜ ହୋଇପାର
ଆତ୍ମା ମନ୍ଥି ହୋଇଗଲାବେଳେ
ହସଫୁଲ କେମିତି ବୁଣିପାର
ମୁଁ ତ ମିଛ ମାୟାର ସଂସାର କଲିଣି
ସମୟର ଚକରେ ପେଶି ହେଇଗଲିଣି
ଆଉ କଣ ଦେଖାଇପାରିବି
ତୁମ ଲାଗି ନିଗିଡ଼ି ପଡ଼ିଥିବା
କେତେ ଅଙ୍କାବଙ୍କା
ଏ ଆଖି ଲୁହ ଧାର
ଦେଖ ,କଷ୍ଟ ମୁଁ ବି ପାଉଛି
ପଞ୍ଜୁରି ଭିତରେ
ଏଠି ବନ୍ଧା ଯେ ପଡ଼ିଛି
ମୋ ପାଇଁ ସବୁ ମନା

ଡେଣାମେଲି ଅନ୍ତନ୍ତ ଆକାଶରେ

ଖୁସିରେ ଉଡ଼ିବା ମନା

ମୁଁ ତ ନିଜେ ନିଜ

ପର କାଟି ପକାଇଛି

ଏବେ "ମୁଁ" ପର

କେମିତି କହିବି ଯେ

ସମ୍ପର୍କ ଆମର

ଜନ୍ମ ଜନ୍ମାନ୍ତର

ରୋଷଣୀ

ଫୁଟାଅନି ବାଣ ଢୋ ଢା କରି
ଛାତିରେ ଯନ୍ତ୍ରଣା ହୁଏ ।
ଶବ୍ଦ ପ୍ରଦୂଷଣ ,ବାୟୁ ପ୍ରଦୂଷଣ
ବଢ଼ି ବଢ଼ି ପରା ଯାଏ ।।
ଦିପଟେ ଜଳେଇ ଅନ୍ଧାର ହଟେଇ
ମନ କଲୁଷକୁ ଛାଡ଼ ।
ବାଣ ରୋଷଣୀରେ ମୁହୂର୍ତ୍ତେ ଆଲୋକ,
ଭିତର ଅନ୍ଧାର ବାଡ଼।।
ସୁଖ ବାଣ୍ଟିବାକୁ ଖୁସୀ ପାଳିବାକୁ
ଦୀପଟିଏ ପରି ହୁଅ।
ଆଲୋକ ଦେଖାଇ ସାରା ଦୁନିଆରୁ
ଅନ୍ଧାର ଦୁରେଇ ଦିଅ।।
ଭୋକିଲା ପେଟକୁ ଦାନା ମୁଠେ ଦିଅ
ଶୋଷିଲାକୁ ମୁନ୍ଦେ ପାଣି।
ସତ୍କର୍ମ ହେବ ଜୀବନେ ଭରିବ
ହସ ଖୁସୀର ରୋଷଣୀ ।।

ଝିଅ ବିଦାବେଳ

ମା ରେ .....
ଯେବେତୁ ଜନମି କୁଆଁ କୁଆଁ ହେଲୁ
କୁରୁଳି ଉଠିଲା ଘର ।
ସୁଁ ସୁଁ କାନ୍ଦି ବିଦାହେଲା ପରେ
ହେଇଗଲୁ ସାତପର ।
ଶ୍ରୀହୀନ ହୋଇଲି ସେବେଠାରୁ ଯେବେ
ବାପା ଡାକ ନଶୁଭିଲା ।
ଅନ୍ଧାର ଘରର ଜହ୍ନ ଥିଲୁ ମୋର
ଅମାବାସ୍ୟା ହେଇଗଲା।
"ମା" ରେ ତତେ ମୁଁ ଦେଇପାରି ନାହିଁ
ସରଗର ସୁନାଚାନ୍ଦ।
ତୁ ଗଲାପରେ ମା ବାପା ତୋର
ଆଖି ଥାଇ ଆଜି ଅନ୍ଧ।
ନୂଆ ରାଇଜର ସେ ରାଜକୁମାର
ହାତେ ଟେକିଦେଲି ତତେ।
ଅଲିଅଳି ମୋର ରାଜଜେମା କହ
ଭୁଲି କି ପାରିବୁ ସତେ।
ଭାଗ୍ୟେ ତୋର ଲେଖାଥିବା ଗାରସବୁ
ଲିଭାଇ ପାରିବୁ କାହିଁ?
ଜଗତକରତା ଦୟା କରିଥିଲେ

କଣ୍ଟା ଟେ ଫୁଟିବ ନାହିଁ।
ମନ ଊଣା କରିବୁନି ମୋ ଝିଅରେ
ଏକା ବୋଲି ଭାବିବୁନି।
ଭରସାର ହାତ ମୋର ଛାଡ଼ିବୁନି
ଭୁଲ କାମ କରିବୁନି।
କେତେ ବା ସମୟ ରହିଲୁ ମୋ ଘରେ
ବିଦାହେଇ ଆଜି ଯାଉ।
ଆଶିଷ ଦେଉଛି ବିପଦେ ଆପଦେ
ଠାକୁର ତୋ ସାହାହେଉ।

ଶୀତର ଗଣ୍ଠିଲି

ଶୀତ ଆସିଲାଣି
କନ୍ଥା ସିଲେଇବାଲାଟା
ତେଲେଙ୍ଗା ବୋଲି
ମା' ମୋର ଠାରରେ
କଥା କହିଲାଣି
ଗଣ୍ଠିଲି ଖୋଲି
ପୁରୁଣାଲୁଗା କପଡ଼ା ସବୁ
କାଢ଼ି ଦେଉଛି
ଆଦର କରି ସଜଉଛି ସେ
ହୁକ ବୋତାମ ଖୋଲି
ତା ଅଜାଣତେ ,
ହାତଦେଉଛି ଆଉଁସି ସେହି
ଲାଲ୍ ସାର୍ଟ ବାଛି
ଭାଇକୁ ଭାରି ମାନୁଥିଲା
ପିନ୍ଧୁଥିଲା କେତେ
ଖେଳେଇ ଚାଲୁଥିଲା,
ଆଖିର ଲୁହ ପୋଛି ଦେଇ
ମଛି ମିଛିକା ହସିହସି
ଭାଇର ସାର୍ଟ ଯେତେ
ଲୁଚାଇ ରଖୁଥିଲା

ପୁଷ୍ପାଞ୍ଜଳି ପଣ୍ଡା ॥ ୩୩

ଶୀତ ଆସେ ସତ,
ଫରକ କିଛି ପଡ଼େନାହିଁ,
ସବୁ ସମାନ ମା ପାଇଁ
ଭାଇ ଗଲାଦିନୁ
ସବୁ ଲାଗେ ତୁଚ୍ଛ
ଖରା ବର୍ଷା ଶୀତ ,
ଋତୁ ବଦଳି ଚାଲେ,
ଜୀବନ ଖେଳେ ଖେଳ
ମା' ବଦଳେନି
କିଛି ସ୍ମୃତି ମା' ପାଇଁ
ବଞ୍ଚିବା ଖୋରାକ

ଜରୁରୀ

ଆଉ କେତେବା ବାକି ଅଛି ଜୀବନ!
ସୁଖ ଦୁଃଖ ହସ କାନ୍ଦର
ହିସାବ କରୁ କରୁ
ସରିଗଲା ସପନ ।
ମୋତେ ଲାଗେ,
ସବୁବେଳେ ସମସ୍ୟା
ସମସ୍ୟା ହିଁ ଜୀବନ ।
ଜଠର ରୁ ଜୁଇ ଯାଏ
ଜଳୁଥାଏ, ସପନ ।
ଏଇ କଥା ବୁଝିବାରେ
କଟିଯାଏ ଜନମ ।
କେବେ କଣ ଭାବିଛ ?
ଜୀବନ କୁ ଜୀଇବାରେ
ଜୀବନ ବି ଜରୁରୀ !
ବିଫଳତା ସଫଳତା
ଜରୁରତ ସବୁରି ।
ଜୀବନ ଜୀଇବାର କଳାରେ
କିଏ ଅବା ମାହିର୍ ?

ପ୍ରୀତିପ୍ରଦ

ପ୍ରେମ ଅଟେ ସେତ ଛାତିର ଦରଜ
ଅପଲକ ଆଖି ଲୁହ
ଚନ୍ଦନ କସ୍ତୁରୀ ମହକରେ ଭରା
ପ୍ରିତୀପ୍ରଦ ପ୍ରତି କୋହ
ମନ ଅଗଣାଟା ପାରିଜାତ ବନ
ପାରିଜାତ ଫୁଟୁଥାଏ
ତୋଳି ନେବ ଯେତେ ଫୁଟୁଥିବ ସେତେ
ସରାଗରେ ଝୁଲୁଥାଏ
ସବୁଋତୁ ଲାଗେ ବସନ୍ତ ପରାଏ
ପ୍ରେମ ଋତୁ ସରେନାହିଁ
ଫୁଲେଇ ଜହ୍ନଟା ଫୁଲୁଥାଏ ବେଶି
ସ୍ମୃତିକୁ ରଖେ ଜୀଆଇ
ମାନ ଅଭିମାନ ସ୍ନେହ ସମ୍ମାନର
ଅନନ୍ୟ ସେ ଅନୁଭବ
ଝଡ଼ଝଞ୍ଜା ଯେତେ ଜୀବନର ପଥେ
ଦିଏ ନାହିଁ ପରାଭବ
ପ୍ରେମରେ ନିଶ୍ୱାସ ବିଶ୍ୱାସରେ ଚାଲେ
ପ୍ରେମାସ୍ପଦ ଯେ ଈଶ୍ୱର
"ସକଳ ବୈଭବ ପ୍ରେମରେ ପ୍ରାପତ"
ଗୋଟିଏ ବାର୍ତ୍ତା ବିଶ୍ୱର

ଶୀତ ଗୀତ

ଶୀତ ସକାଳର
କୁହୁଡ଼ି କାକର
ଭିଜାଇ ଦେଲାଣି ଭୂଇଁ
କଅଁଳ ଖରାର
ପସରା ମେଲେଇ
ସୂରୁଜ ଆସଇ ଉଇଁ
ଧୀର ସମୀରଣ
ଭରେ ଶିହରଣ
ତୁମ ଅଙ୍ଗ ସଙ୍ଗ ଚାହେଁ
ଆଖିର ପଲକ
ରହେ ଅପଲକ
ସକାଳ ରୁ ସଞ୍ଜ ଯାଏ
ଉଷୁମ ପରଷ
ପାଇଲେ ହରଷେ
କଟିଯିବ ଶୀତ ରାତି
ତୁମେ ନାହଁ ବୋଲି
ପାରୁ ନାହିଁ ଖୋଲି
ମୁକୁଳାବେଣୀର ମୋତି ॥

କହି ପାରୁନାହିଁ

ପୂଜନୀୟ ବାପା,
ଦୂରରୁ ମୋର ଭୂମିଷ୍ଠ ପ୍ରଣାମ ନେବ,
ଗଙ୍ଗାକାଳୀଙ୍କର କରୁଣାରୁ ତମେ
ନିଶ୍ଚୟ ଭଲରେ ଥିବ
ପାଖେ ରଖିଲିନି, ସେବା କରିଲିନି
ସେ ଲାଗି ରୋଷ କରିଛ
ବାଛି ବାଛି ବୋହୂ ଘରକୁ ଆଣିଛ
କିମ୍ପାଇ ଆଖି ପୋଛୁଛ
ଚାକିରିଆ ବୋହୂ କରିଥିଲ ବୋଲି
ବାହାସ୍ଫୋଟ ମାରୁଥିଲ
ଅଶୀ ବରଷରେ ରୋଷେଇ କରୁଛ
ହୋଇ ଏତେ କଲବଲ
ଭଲ ହେବ ଯଦି ବୃଦ୍ଧାଶ୍ରମ ଦେଖି
ରହିବାକୁ ଚାଲିଯିବ
ପୁଅ ବୋଲି ମୋର ମନଦୁଃଖ, କଷ୍ଟ
ଟିକିଏ ତ କମ୍ ହେବ
ବେରୋଜଗାରିଆ ସ୍ୱାମୀଟିଏ ମୁଁ
ଟିକିଏ ହେଜନ୍ତ ଯଦି
ପୁଅ ବୋହୂ ନାତି ନାତୁଣୀଙ୍କ ଲାଗି
କଣ୍ଟା ହୁଅନ୍ତନି ଆଜି

୩୮ ॥ କହିବାର ଯାହା ଥିଲା

ଭଲ ହେଇଛି ମୋ ବୋଉ ଚାଲିଗଲା
ବୋହୂ ନ ଦେଖିଲା ନାହିଁ
ବଞ୍ଚିଥିଲେ ବୋଧେ ଆପେଚାହିଁ ଥାନ୍ତା
ଶୀଘ୍ର ମରିଯିବା ପାଇଁ
ଗୋଡ଼ ହାତ ତୁମ ଚଳୁଅଛି ଯେଣୁ
ବୃଦ୍ଧାଶ୍ରମେ ଚଳିଯିବ
ଘରଣୀ ମୋର ତା ବାପା ଭାଇ ନେଇ
ଶାନ୍ତିରେ ଘର କରିବ

ଚିହ୍ନା ଚିହ୍ନା

ତୁମେ ଅନାବନା ଅବୁଝା
କବିତା ପଦିଏ
କିଛି ବୁଝେ ହେଲେ
ରହେ ବି ଅବୁଝା ପଦିଏ
ତୁମକୁ ଛାଡ଼ି
ମୋ କବିତାର ପ୍ରାଣ
ଲାଗଇ ନିଷ୍ପ୍ରାଣ
ପରାଏ।
କହିବି ?
ଯେବେଠୁ ଲାଗୁଛ
ଚିହ୍ନା ଚିହ୍ନା ତମେ
ଅଜଣା ମଣିଷ ହାଟରେ
ସେବେଠୁ ପରା ମୁଁ ପଡ଼ିଯାଇଅଛି
ଏଇ କବିତାର ମାୟାରେ ।

ଭୋକ

ଚାଖଣ୍ଡେ ପେଟ !
ଯେତେ ଖାଇଲେ ବି
ସେତେ ନିଅଣ୍ଟ ।
କି ଭୋକରେ ବା ବା !!
ଭୋକ ଭେକ ଦେଖି
ଦୁନିଆ କାବା ।
ମୃଦଙ୍ଗ ଢୋଲ !
ଖାଇ ଖାଇ ପେଟ
ହେଲାଣି ଗୋଲ୍ ।
ପେଟ ପୁରେଇ !
ଖାଇଲା ପରେ ବି
କହିବ ସେ କିଛି
ଖାଇତ ନାହିଁ ।
ହାବି ଯାବି !
ସବୁ ସେ ଖାଏ
ସୁଖ ଦୁଃଖ ସବୁ ଖାଏ
ଭୋକର ରୂପ କଣ
ଅଲଗା ଥାଏ ।

ମୋତି

ଠୁକୁ ଠୁକୁ ଚାଲି ତାର
ମୁକ୍ତା ଦନ୍ତ ପନ୍ତି
ମାଟିର ପିଣ୍ଡୁଳା ସେତ
ଶାମୁକାର ମୋତି
ଦରୋଟି ଅଧରେ ଥାଏ
ମିଠା ମିଠା କଥା
ଆଖିରେ ଆଖିଏ ତାର
ପ୍ରଗତିର ବାର୍ତ୍ତା
କଅଁଳିଆ ମୁହଁ ଲାଗେ
ନିଷ୍ପାପ ସୁନ୍ଦର
ଅନୁପମ ରୂପ ସେତ
ସରଳ ଉଦାର
ବଗିଚାରେ ଫୁଟିଥିବା
କଳିକା ହିଁ "ଶିଶୁ"
ଶିଶୁଦିବସରେ ଆଜି
ଆଶିଷ ବରଷୁ
ଦେଶ ଗଢ଼ି ଅଗ୍ରଗାମୀ
ଯାତ୍ରା କରୁଥାଅ
ଅନ୍ଧାରର ବାଟ କାଟ
ଆଲୋକ ଦେଖାଅ

ପ୍ରେମିକା: ଏକ ସ୍ମୃତି

ସମୟ ନଦେଖି
ନିଦରୁ ଉଠାଇ ଦେବ ।
ବସ୍ ରେ ମୋ ସାଥେ
ଲାଗି ହୋଇ ବସୁଥିବ ।
ଅସରନ୍ତି କଥା ଅନର୍ଗଳ
ଗପୁଥିବ ।
ବସ୍ ଛାଡ଼ିବା ଟାଇମ୍ ହେଲେ
ଲୁହ ଝରାଇ ଦେବ ।
ଚୁପି ଚୁପି କାନେ ମୋର
କେତେ କଥା କହୁଥିବ ।
ଲାଗୁଛି ସତେକି ଏହା
ଆମ ଶେଷ ଦେଖା ହେବ ।
ଅକାଳେ ସକାଳେ କେବେ
ବାଟେ ଯଦି ଦେଖି ଦେବ
ଅଚିହ୍ନା ଅଜଣା ଭାବି
ବାଟ ଭାଙ୍ଗି ଚାଲିଯିବ ।
ପ୍ରେମିକାର ସାଙ୍ଗେ ମୋର
ସଂସାର ନହେଲା ନାହିଁ ।
ରଖିଛି ସାଇତି ତାକୁ
ବାଁ ଛାତି ତଳେ ନେଇ ।

ସାଇଁ

ମନ ଭିତରେ
ଦୁଃଖ କି ସୁଖ ଅଛି
ଦେଖେଇ ପାରିବ କେହି ?
କେବଳ ସେୟା ଥାଏ
ଭାଗ୍ୟରେ ତୁମ
ଯାହାଦେଇଥାଏ ସାଇଁ ।

ନାରୀ

ଗର୍ଭଗୃହରୁ ବାହାରି, ପୃଥିବୀରେ
ପ୍ରଥମ ପାଦ ଥାପିଲା ଦିନ
ମୁଁ କାନ୍ଦୁଥିଲି, ସେ ହସୁଥିଲା ।
ଏଯାଏଁ ବୁଝିହେଲାନି
ଏତେ କଷ୍ଟ, ଯନ୍ତ୍ରଣା, ଲହୁ ଲୁହ
ଭିତରେ ବି
ତା ଓଠରୁ, ସବୁତକ ଖୁସି
ହସ ହୋଇ ଝରିପଡ଼େ କେମିତି.....!!!
ଓହୋ, ନାରୀ ମାନେ ଏମିତି ।।
ଯଦି ତାକୁ କୁହେ, ତୋ ଖେଳଣା ଦେ
ବେଶୀ ଭଲପାଉଥିବା ଖେଳଣାଟିକୁ
ଚୁପଚାପ୍ ଦେଇଦିଏ ।
ଓଷା, ବାର, ଯାନି ଯାତରାରେ
ସୁଆଦିଆ ଖାଇବା ଥାଳିରେ
ତା ଭାଗତକ ବି ମୋର
ସବୁଠିକି ହାତଧରି ନେଇଯାଏ ।
ଏଯାଏଁ ବୁଝି ହେଲାନି
ସଦାବେଳେ କେମିତି ଧାଉଁଥାଏ
ମୋ ପଛରେ, ଅପଲକ ଆଖିଟିଏ....!!!!
ଓହୋ, ନାରୀ ପରା ସିଏ ।।

ସକାଳୁ ସଞ୍ଜଯାଏ ଜୀବନର
ପ୍ରେମର ମୂର୍ଚ୍ଛନା ତୋଳିଲ
ନୂତନ ପୃଥିବୀର ଅନ୍ୱେଷଣରେ
ଗୋଟିପଣେ ମୋର ହେଇଗଲ,
ବିନା ଦ୍ୱିଧାରେ ଆଦରି ନେଲ,
ମୋ ପାରିବାପଣର ସଂସାର ।
ଏଯାଏଁ ବୁଝି ହେଲାନି
କେମିତି ଏ ନର୍କ ରୁ ଉଠେଇ
ବିଷ ହଟେଇ, ଅମୃତ ଢାଳି ପାରୁଛି....!!!
ଓହୋ,"ନାରୀ" ବୋଲି ପରା
ନା ଇଶ୍ୱର ଦେଇଛି ।।

ପ୍ରତାରଣା

ପ୍ରତାରଣାରେ ପ୍ରାୟଶ୍ଚିତ ଶୂନ୍ୟ, ଜାଣି ବି
ଦହନର ଯନ୍ତ୍ରଣାର ଦାରୁଣ ଜ୍ୱାଳା ଦେଇଛ ।
ଲୁକ୍କାୟିତ ପ୍ରେମ ଶଙ୍କ ସବୁ ଅଭୁଲା ଜାଣି ବି
ପ୍ରତିଦିନ, ପ୍ରତି ରାତି ଲୁହେ ଭିଜାଉଛ ।
ପ୍ରେମର ପ୍ରତିଦାନ ମିଳେନା ଜାଣି ବି ପ୍ରେମ ହେଲା
ଭୋଗରୁ ଭାଗ୍ୟଯାଏ ଛନ୍ଦୋବଦ୍ଧ ଖୁସୀ ମିଳିଥିଲା ।
ଚତୁର୍ଦ୍ଦିଗ ଉତ୍ତାଳ ସାଗର ଜାଣି ବି ହାତ ଛାଡ଼ିଦେଲ
ପ୍ରତାରଣା ଦେଇସାରି ଜୀବନରୁ ଅପସରିଗଲ ।
ଶେଷ ଯାଏ ଠିକ୍ ହେବନାହିଁ ଜାଣି ବି
ମନ ପ୍ରାଣ କଲ ସଂକ୍ରମିତ ।
ପ୍ରତିଦାନେ ପ୍ରତାରଣା ଦେବିନାହିଁ
ଥିବାଯାଏ ଏ ଆତ୍ମା ଜୀବିତ ।

ଈଶ୍ୱର

ସବା ଆଗେ ଆଉ ସବା ପଛେ ଥାଅ
ଅଥଚ ଖୋଜିଲେ ମିଳନି !
ଈଶ୍ୱର ଅଛ ବୋଲି ମନଟା
ଜମା ମାନୁନି !
ତୁମେ ସର୍ବ ଶକ୍ତିମାନ ।
ବୋଉ କହେ ।
ବାପା ମାନନ୍ତିନି କାହିଁ କେଜାଣି !
ଦେଖା ତ ଦେଉନ
କେମିତି ଯାଣିବି
ତୁମେ ଭଗବାନ !
ନଟ ମଉସା ଭଗବାନ ଭଳିଆ ଲୋକ ।
ତମେ କଣ ନଟ ମଉସା ?
ଗୁରୁ ହି ସାକ୍ଷାତ ଈଶ୍ୱର ।
ତମେ କଣ ଯଦୁସାର ?
ଯିଏ ବି ହୁଅ ସବୁ
"ଭଲ" ହିଁ ତମ ବେଉସା ।।

ଉଜାଗର

ସାରାରାତି ବସି ଜାଗର ଜାଳିଛି
ପ୍ରିୟତମ ପ୍ରେମ ଟିକେ ପାଇଁ
ଏ ଜନମେ ସିନା ମିଳିପାରିଲାନି
ପ୍ରତାରଣାରେ ଜଳିଲି ମୁହିଁ ।
ହାତ ଧରିନେବ ବଧୂ ସଜାଇବ
କଥା ଦେଇଥିଲ ପରା
କେମିତି ଭୁଲିଲ ଆଗେଇ ଚାଲିଲ
ଦେଉନାହିଁ ଆଉ ଧରା ।
ପ୍ରତାରିତ ହୋଇ ବୁଝିତ ଯାଇଛି
ରକ୍ଷାକଲେ ମହାଦେବ
ଜାଳୁଛି ଜାଗର ରହି ଉଜାଗର
ସନ୍ତୋଷେ ପୂଜୁଛି ଶିବ ।
ହଳାହଳ ବିଷ ଗରଳ ଭକ୍ଷି ସେ
ନୀଳକଣ୍ଠ ବୋଲାଇଲେ
ବିଶ୍ୱରକ୍ଷା କରି ବିଶ୍ୱବନ୍ଦ୍ୟପ୍ରଭୁ
ମୋତେ ତ୍ରାହି କରିଦେଲେ ।
କପଟୀ ପ୍ରେମିକ ଦେହର ପୂଜକ
ଯୋଗ୍ୟନୁହେଁ ପ୍ରେମ ଲାଗି
ଭବିଷ୍ୟତ ପନ୍ଥା ପାଇବା ଆଗରୁ
ଆସିଛି ଆଶିଷ ମାଗି ।

ଗାଁରୁ କିଛି

ସେଦିନ
ନଟ ବାରିକ କାନ୍ଦୁଥିଲା
ଦୁଃଖର କାରଣ ସେଲୁନ୍ ବାଲା
କହିଲା,
ଆଜିକାଲି ସବୁ ପିଲା ଯାଇ
ସେଲୁନ୍ ଚିଆରେ ବସି
ଚୁଟି କାଟୁଛନ୍ତି ହସି ହସି।
ମୋର ଦି ଦିନ ବେକାର ଗଲା
ଜଣେ କେହି କାଟିଥାନ୍ତା ଭଲା
କୂଳ ବେଉସା ବୁଡ଼ି ଗଲାଣି
ଯେବେଠୁ
ନଟ ସାମଲ ପାର୍ଲର କଲାଣି।
ଗାଁ ବଦଳି ଟାଉନ୍ ହେଲା
ଚମ୍ପି ମା ଘାସ କାଟୁଥିଲା
ଏବେ ନୋମିନି କଣ ଯେ ହେଲା
ଗାଁ ସାରା ଉଠ ବସ କଲା।
ଟଙ୍କିକିଆ ଚାଉଳ ଖାଇକି
ଫୁସି ସାଆନ୍ତ କରେ ଭେଳିକି
କହେ,
ଚାଷ କିଏ ସେ କରିବ ଭଲା

ନଟ ବାରିକଟା କାନ୍ଦୁଥିଲା।
ଧ୍ରୁବ ନାହାକ ଖଡ଼ି ଦେଖିଛି
ପୃଥୀ ଧ୍ୱଂସ ହେବାକୁ ଯାଉଛି।
ଠାକୁରାଣୀ ପାଖେ କରେ ପାଲା
ଗାଈ ଗୋଠରୁ ଧାଇଁ ଚାଲିଛି
ମକରା ଆ, ଆ, ଡାକୁଛି
ଗାଈ ମଣିଷର ଠେଲାପେଲା
ନଟ ବାରିକଟା କାନ୍ଦୁଥିଲା ।
ମଗା ଡ଼ଙ୍ଗାଟା ଭାଙ୍ଗି ପଡ଼ିଛି
ସୁନା କୁମ୍ଭାରୁଣୀ ନବ କହିଛି
କିଏ କାହିଁ ପାରିହେବ ଭଲା
ନଈ ଏମୁଣ୍ଡ ସେମୁଣ୍ଡ ହୋଇ
ପୋଲ ଗୋଟାଏ ପଡ଼ିଛି ଶୋଇ
ଗାଡ଼ି ମଟର ଯାଆସ କଲା
ନଟ ବାରିକଟା କାନ୍ଦୁଥିଲା ।
କିଛି କରିତ ପାରିବି ନାହିଁ,
ବୋଧ ଦେବି ଅବା କଣ କହି
ହୃଦୟଟା ମୋ ପଥର ହେଲା
ନଟ ବାରିକ ଘରକୁ ଗଲା ।

ପ୍ରେମମୟ -୯

ସତେ ପ୍ରେମମୟ ଆସିଛ ଆଜି
ଫୁଲରେ ଫୁଲରେ ପଡୁଛି ବାଜି;
ତୁମ ଆସିବାର ଯେତେ ବାରତା
ବସନ୍ତ, କୋଇଲି, କହନ୍ତି କଥା।
ମହଣ ମହଣ ବଉଳ ବାସ
ମନଲୋଭା ସତେ ପ୍ରକୃତି ବେଶ
ଫଗୁଣର ଫଗୁ ଉଡ଼ାଏ ରଙ୍ଗ
ମାଦକ ଭରାଏ ସେ ଢ଼ଙ୍ଗଢାଙ୍ଗ
ଟିକିଏ ସାନ୍ନିଧ୍ୟ ପାଇବା ପାଇଁ
ଫୁଲରେ ଭ୍ରମର କି ହାଇଁପାଇଁ
ମହୋତ୍ସବ ଚାଲେ ଡାଳ ପତ୍ରରେ
ମୃଦୁ ଶିହଲଣ ଜାଗେ ଗାତ୍ରରେ।
ତନ୍ଦ୍ରା ଜଡ଼ିତ ଏ ପଲକ, ନିଶି
ଦେଖାଏ ରୂପର ମାଧୁର୍ଯ୍ୟ ବେଶି
ପରିତୃପ୍ତି ଭରା ପ୍ରକୃତି ମିତ
ଆଲୋଡ଼ିତ କଣ୍ଠେ ମୃଦୁ ସଙ୍ଗୀତ
ପ୍ରତୀକ୍ଷାର ଅନ୍ତ ଘଟିଛି ପ୍ରିୟ
ଆଲିଙ୍ଗନ ପାଇଁ ହୃଦ ଅଥୟ।

ଝୁମୁଛି ଜୀବନ ଅବିର ମାଖି
ସ୍ନେହ ସରସର ହୃଦୟ ପକ୍ଷୀ
ଜୀବନ ସଙ୍ଗୀତ ଗୋଟିଏ ଲୟ
ପ୍ରୀତି ପରଶରେ ବୁଡ଼ାଇ ଦିଅ
ପ୍ରେମମୟ ପ୍ରେମ ପରଶ ଦେଇ
ପ୍ରାଣପ୍ରୟାଣରେ ଦିଅ ଦେଖାଇ।

ଦୁଃଖ

ଦୁଃଖ କଣ ସହିବାର ସୀମା ଜାଣିଥାଏ
ସେ ଲାଗି ତ ଆସୁଥାଏ ଜୀବନଟା
ଶେଷ ହେବା ଯାଏ
ଦୁଃଖ କେବେ ଆସେ
ଝୁଲି ଝୁଲି, ହଲି ହଲି
ସଂସାର ବାଟରେ,
ଚୁପ୍ ଚାପ୍ ଚାଲୁଥାଏ ପଛେ ପଛେ
କିଲିବିଲି କରେ,
ପଶି ଆସେ ସପନ ସହରେ ମୋର
କେବ ଆସେ ସଜବାଜ ହୋଇ
ସାଜି ଆଖି ଲୁହ ଧାର
କେବେ ପୁଣି ମିତ ବସେ
କଷ୍ଟ ଆଉ ଯନ୍ତ୍ରଣା ସହିତ
ବଞ୍ଚିବାରର ସଂଗ୍ରାମ ବି ଚାଲୁଥାଏ
ଅଳପ ବହୁତ
ଦୁଃଖ, ଅନ୍ୟ ନାମ ତୋର ଅଭିମାନ
ପ୍ରିୟତମ ପାଇଁ ତ୍ୟାଗ ପରିଭାଷା
ଲୁହ ସରସର ହିନିମାନ ।

ଶକ୍ତି

ଶକ୍ତି ମୁଁ ,ପ୍ରକୃତି ମୁଁ,
ସର୍ବସଂହା ଧରିତ୍ରୀ ମୁଁ
ମୁଁ ଜନନୀ, ଭଗିନୀ, ଜାୟା
ମହା ତେଜପୁଞ୍ଜ ମହାମାୟା,
ମୁଁ ଓଁ ବୀଜ ଆଦିମାତା
ମୁଁ ଦେବ ମାନବ ବନ୍ଦିତା
ମୁଁ ସୃଷ୍ଟି ସୃଜନ ଶତରୂପା
ମୁଁ ଶତୃସଂହାରିଣୀ ବହୁରୂପା
ମୁଁ ଅର୍ଦ୍ଧଭୁକ୍ତା ଅର୍ଦ୍ଧାଙ୍ଗିନୀ
ମୁଁ ଶାନ୍ତ ସଲୀଳା ମନ୍ଦାକିନୀ
ମୁଁ ନାରୀ ଦୟା କ୍ଷମାଧାତ୍ରୀ
ମୁଁ ନାରୀ ଧ୍ୱଂସ ପ୍ରଳୟକର୍ତ୍ରୀ
ମୁଁ ପ୍ରେମଶୀଳା ପ୍ରେମମୟୀ
ମୁଁ ଶାନ୍ତି ପ୍ରଦାୟିନୀ, କରୁଣାମୟୀ
ମୁଁ ନାରୀ,ଶୁଭ କଲ୍ୟାଣୀ
ମୁଁ ଜଗଜ୍ଜନନୀ ସର୍ବାଣୀ
ମାୟା, ଯୋଗମାୟା ମୁଁ
ସର୍ବଜନ ପ୍ରିୟା ମୁଁ ।

ମୁଁ ଓ ମୋ କବିତା

ବେଳେବେଳେ କବିତା ମୋ ସହ କଥାହୁଏ
ଅହରହ ସାଥେ ଥାଇବି ନୀରବରେ ରହିଥାଏ ।
ବେଳେ ବେଳେ କଥାହୁଏ ।
ସମସ୍ତେ ଶୋଇପଡ଼ିଲା ପରେ
ଆଉ ସମସ୍ତ ଉଠିବା ଆଗରୁ
ମନ ହାଲକା ହୁଏ ।
ଝରଝର ଝରି ଯାଇଥିବା କବିତା
ଆଖିରୁ ଝରିଥିବା ଲୁହ ସହ
ମିତ ହୁଏ ।
ଜମା ଜଣାପଡ଼େନି ଦୁଃଖରେ ଥିଲି ବୋଲି
ପାଖରେ ତ ଲୁହ, କୋହ, ଅନ୍ତର୍ବେଦନା
ପୁରାପୁରି ଶୁଏ ।
ଏକଲା ରହିଲି କେବେ ଯେ
କବିତାକୁ ଫୁଟେଇବି
କାଗଜରେ କଲମରେ,
କବିତା ସହ ମୁଁ ମିତ ବସିଯାଏ, ଜମିଯାଏ ମନ ଭିତରେ
ଶବ୍ଦର ଖେଳ
କଣ କରିବ ସେ ମହାକାଳ..!
ସାଥିରେ ତ ଯିବା ଥୟ।
ସମୟ ଜାଣିନି, ନଜାଣେ
ଏତେ କାହିଁକି ଭୟ।
ମୁଁ ଓ ମୋ କବିତା ଜମା ଏକା ନୁହଁ ।

ବ୍ୟଥା

ଦୁଃଖ ଅଭାବକୁ
ଦୂରେଇଦବାକୁ
ଅସତ୍ ମାର୍ଗରେ ଯାଇଛି
କ୍ଷମା ଦୟା ଭୁଲି
ସମ୍ପର୍କକୁ ଠେଲି
ଧନ ଉପାର୍ଜନ କରିଛି।
ତୁମ ସହ ଭେଟ ହୋଇଲା ହଠାତ୍ !
କରିଲ ମୋ ମାର୍ଗ ଦର୍ଶନ
ଭାଙ୍ଗିଗଲା ସବୁ ଦମ୍ଭପଣ ମୋର
ଆହେ ପ୍ରଭୁ ଚତୁରାନନ,
କ୍ରୌଞ୍ଚ ମିଥୁନର ନିଷାଦ ଯୋଗରୁ
ସୃଷ୍ଟି କଲ ରାମାୟଣ
ବଲ୍ମୀକ ରୁ ହେଲି ବାଲ୍ମୀକି ସତ ମୁଁ
ସବୁ ତୁମରି ଭିଆଣ
ଅସତ୍ୟ, ମିଥ୍ୟା ପ୍ରବଞ୍ଚନା ଛାଡ଼ି
ଏବେ ଗଢ଼ି କି ହେବ ଜୀବନ!
ଜବାବ ମାଗୁନି, ପ୍ରାର୍ଥନା କରୁଛି
କି କରିବ ମୂଢ଼ ମନ।

ଶରଣ

କରୋନା ଘେରା କଳା ରାତି
ଭୟରେ ଥରୁଛି କେତେ ଛାତି
ସପନ ଅଧା ଜୀବନ ଅଧା
ବନ୍ଦ ହୋଇ ଘରେ ବନ୍ଧା
ସୁଖ ଦୁଃଖର ସଂସାର ନେଇ
କରୋନା ପାଇଁ ଡରିବି କାହିଁ
କଳା ଠାକୁର ଭରସା ମୋର
ଜଗତ ନାଥ ନାମ ଯାହାର
ଦୁଃଖ ଯନ୍ତ୍ରଣା ସବୁ ହରିବ
ତୁଣ୍ଡରେ ଯଦି ତା ନାମ ଥିବ ।

ଏବେ

ଏବେ ନିଜ କଥା କାହିଁ ବେଶି ବେଶି ଭଲ ଲାଗେ
ଏବେ ସମୟ ସବୁତ ସଭିଁଙ୍କୁ ଜବାବ ମାଗେ
ଏବେ ଦିବା ନିଶି ସବୁ ସମାନ ଲାଗୁଛି ନିତି
ଏବେ ଭାବୁଛି ଯାହା ମୁଁ ଅଭିମାନେ ବିତାଇଛି
ଏବେ ସତରେ ଜାଣୁଛି କେତେ ଅସହାୟ ମୁହିଁ
ଏବେ ଚାହିଁଲେ ବି ଜମା ସମୟ ହାତରେ ନାହିଁ
ଏବେ ମାଡ଼ିତ ଆସୁଛି ମୋ ଫେରି ଯିବାର ବେଳା
ଏବେ ସତସତିକା ତ ସରିଯିବ ଲୀଳା ଖେଳା
ଏବେ ଆଖିରେ ସପନ ବଦଳରେ ଅନ୍ଧକାର
ଏବେ ଜବନିକା ପଡ଼ିଯିବ ଶେଷ ଜୀବନର ।

ନୀରବ କୋଳାହଳ

ବେଳେ ବେଳେ ନୀରବତା
ଆକସ୍ମିକ ଆସିଯାଏ
ଗୋଡ଼ାଇ ଗୋଡ଼ାଇ ଖାଉଥାଏ ...!
ସବୁତକ କୋଳାହଳ
ହାତରେ ଜମା ସରୁନଥିବା ଲମ୍ବା ସମୟ,
ଈଶ୍ୱର ବି ଅସହାୟ...!
ନୀରବତାର ଏକଲାପଣରେ
କେବଳ ମୁଁ ଆଉ ମୁଁ
ନିର୍ଜନତାର ଏକଲା ମଣିଷ ଟେ
ଯିଏ ଖାଲି କଥାହୁଏ ନିଜ ସହ,
ପାହାଡ଼, ଆକାଶ, ଗଛବୃଛ ସହ ।
କେବେ ଲୋଡ଼ା ପଡ଼େନି ସ୍ୱପ୍ନମାନଙ୍କୁ
ସାକାର କରିବା,
ଲୋଡ଼ା ପଡ଼େନି ଆକାଶେ ଉଡ଼ିବା
ଅଭାବର, ଦୁଃଖର ଅସନ୍ତୋଷର
ରୋଗର, ଭୋଗର
ଦୁଃଖି ହେବା, ରୋଗୀହେବା
ଅବା ଭୋଗୀହେବା
ନୀରବତାର କୋଳାହଳ ନେଇ ଚାଲୁଛି ମତେ
ଦୂରକୁ ଦୂରକୁ
ଜୀବନର ଅସରନ୍ତି ସ୍ମୃତି ଭିତରକୁ ।

ମନ ଟୁଁରେ

ବଟା ମସଲା ଛେଚା ମସଲା
ମସଲା ଭିତରେ ରାଜା
ମୋ ଆଇଙ୍କର ଗୁଣ୍ଡି ଭଜା ।
ଧଣିଆ ଗୁଣ୍ଡି ଚୁଆ ଚେମୁଣ୍ଡୀ
ଜୁଆଣୀ ଲବଙ୍ଗ ଦେଇ
ଆଇ ପାନ ଭାଙ୍ଗଇ ।।
ଧୂଳିଗୁଆର ପାନ ପତର
କେତକୀ ଖଇର ଥିଲେ
ମସଲା ପାନ ବୋଲେ।
ଖଣ୍ଡ ହଳଦୀ ଗୁଣ୍ଡ ହଳଦୀ
ହଳଦିଆ କ୍ଷୀର ପିଇ
ତାକତ ପାଇଛି ଆଇ।
ଗୋଲମରିଚ ଲଙ୍କା ମରିଚ
ରାଗୁଆ କଞ୍ଚା ଲଙ୍କା
ଖାଇ ଆଇ ମୁହଁ ବଙ୍କା ।
ଧଳାଲୁଣ କଳାଲୁଣ
ଲୁଣ ଭିତରେ ରାଜା
ସୈନ୍ଧବ ଲୁଣ ମଜା ।

ରୋଷେଇ କରେ ମନଖୁସୀରେ
ମସଲା ବାଟି ରଖେ
ମୁଁ ଲୁଚି ଲୁଚି ଆଗ ଚାଖେ ।
ନାହିଁ ସେ ଦିନ ନାହିଁ ତ ଆଈ
ଯାଇଛି ତରା ହୋଇ
ଏ ମନ ତାକୁ ଝୁରଇ ।

ଧୂଆଁ

ଜଳିଗଲେ ସରିଯାଏ ଯଦି
ଧୂଆଁ ଉଠେ କାହିଁ...!
ଏତେ ବିଧି ବିଧାନର
ପ୍ରୟୋଜନ ନାହିଁ ...!
ଜ୍ୱଳନର ଜ୍ୱାଳା ଦେଖି ହୁଏ
ଆଖିରେ ଓଠରେ...!
ହସଫୁଲ ନିଆଁସାଜେ
କଥାରେ କଥାରେ...!
ଯେତେଦିନ ଜୀବଥିବ ଏଠି
ନିଆଁ ଧୂଆଁ ଥିବ...!
ଯଦି କେବେ ବର୍ଷା ଆସେ
ଧୂଆଁ ବି ନାଚିବ...!
ସମୟତ ଅଙ୍କ ମାପକାଠି
ମାପେ ଦିନ ରାତି...!
କଳା ଧୂଆଁ ଧାସ ପୋଡ଼େ
ସପନ ପାହାନ୍ତି...!

ଅଛୁଆଁ

ହେଇତ, ଇତିହାସ ହେଇଗଲି
ମରୀଚିକା ପଛେ ଧାଇଁ ଧାଇଁ
ଶେଷେ ଶୋଷ କୁ ତ ଭୁଲି ଗଲି।
ଅଟକି ଗଲା ମୋ ସମୟ ସେଇଠି
ତୁମେ ପଛଘୁଞ୍ଚା ଦେଲ ବୋଲି
କେବଳ ତୁମକୁ ଚାହିଁବାର ଅପରାଧ
ଆଘ୍ରାଣେ ଥିଲା ଜୀବନର ଅବରୋଧ
ବେଫିକର, ବେଖାତିର୍ ଥିଲି ବୋଲି
ଦୁନିଆର ସବୁ ଗରଳ ପାନ ମୁଁ କଲି ।
ତମେ ହଜିଗଲ ଯେତେବେଳେ
ଅସହାୟତାର ଆଢୁଆଳେ
ଥରୁଟେ ତୁମକୁ ଛୁଇଁ ଥିଲି ବୋଲି
ସଭିଙ୍କ ଅଛୁଆଁ ହେଲି
ହେଇତ, ମୁଁ ଇତିହାସ ହେଇଗଲି ।

ବୈଭବ

ଦୁନିଆରେ ମୋର ତୁ ଆସିବାରୁ
କୁନିକୁନି ପାଦ ଧିରେ ଥାପିବାରୁ
କୁଆଡ଼େ ଉଭେଇ ଗଲା ଅସହଣି ଦୁଃଖ ,
କହିବି କାହିଁକି ଭଗବାନ ମୋର
ଆଉ ଟିକେ ଲୋଡ଼ା ସୁଖ !
ତତେ ଦେଖି ଝରେ କବିତାର ଶବ୍ଦ
ତୋ ମୁହଁରେ କଟେ ସବୁ ଅବସାଦ
ଜୀଇବାର ଅନୁଭବ
ଯାକୁଇ କହନ୍ତି ଧନରେ ତୁ ମୋର
ସକଳ ସୁଖ ବୈଭବ ।

ଖୁସୀ

ଖୁସୀର ପ୍ଲାବନ
ଆଜନ୍ମ ଆଚ୍ଛନ୍ନ
ପଶୁ ବି ବୁଝିଛି
ଶବ୍ଦର କୁହୁକ
ଛୁ ମନ୍ତର କରେ
ମା' ପାଖରେ
ସବୁ ଖୁସୀ
ମା' ଥରେ ଦେଲେ
ମୁହଁ ଘସି ।

ବେରଙ୍ଗ

ସକାଳ ଖରା
ସଂଧ୍ୟା ତରା
ରାତିର ରଙ୍ଗ ମାଖି ।
ପ୍ରେମର ରଙ୍ଗ
ଉକୁଟି ଉଠେ
ପିଲାଦିନଟା ସାକ୍ଷୀ ।
ସମୟ ଦେଲା
ରଙ୍ଗ ଛଡ଼େଇ
ଉଡ଼ି ଗଲୁ ତୁ ଧିରେ ।
ବେରଙ୍ଗ ହେଲା
ଜୀବନ ସାରା
ବୁଡ଼ି ଧଳା ରଙ୍ଗରେ ।
ପ୍ରେମର ରଙ୍ଗ
ସବୁଜ କେବେ
କେବେ ସଫା ସୁନେଲୀ ।
ଥିବାରୁ ତୋର
ପ୍ରେମର ଡୋର
ସବୁଥିଲା ତ ହୋଲି ।

ରଙ୍ଗ ଭୁଲିଲୁ
ହଳଦୀ ରଙ୍ଗ
ଦେହେ ମାଖିଲୁ ।
ଚାଲିଗଲୁ ତୁ
ଅଫେରା ଦେଶେ
ବେରଙ୍ଗ କରିଦେଲୁ ।

ବିଷ ବଳୟ

ବିଷ ବଳୟ ଘେରିରେ ଏଠି
ବୁଡ଼ି ଗଲାଣି ଗଙ୍ଗା ।
ଯେଉଁଠି ଦେଖେ ସେଇଠି ଲାଖେ
ଜୀବନ ନଦୀ ଡ଼ଙ୍ଗା ।
ଜୀବନ ସାରା ନଦୀ ସାହାରା
କହୁ ତ ଥିଲା ଯିଏ ।
ନିଜ ଗୋଡ଼ରେ କୁରାଢ଼ୀ ମାରି
ଆଜି ଏ ଦଶା କଲା ସିଏ ।
ଦୂଷିତ ପାଣି ଦୂଷିତ ବାୟୁ
କମାଇ ଦେଲା ଆୟୁ ।
ମଣିଷ ହୋଇ ବୁଝିତ ନାହିଁ
କମିଲା ପରମାୟୁ ।
ଉପକାରର ବଦଳେ ଦେଲା
ପ୍ରଦୂଷଣର ଶାପ ।
ଦେଖିଲା ନାହିଁ କେମିତି ଏଠି
କମିଲା ଜଳ ଚାପ ।
ନିଜର ମୃତ୍ୟୁ ଡାକିଆଣିଲା
ନଦୀକୁ ଦେଇ ଧୋକା ।

ଜଳ ବିହୁନେ ମାଟିରେ ଦିନେ
ଜୀବନ ଯିବ ଏକା ।
ବେଳହୁଁ ହୁଅ ସାବଧାନରେ
ସ୍ୱଚ୍ଛତାର ସ୍ୱର ।
ବିଷବଳୟ କଟିଲେ ଶୁଭେ
ସଂଗୀତ ଜୀବନର।

ମୂଳ

ସୃଷ୍ଟିର ମୂଳ
ଜୀବନର ମୂଳ..!
ଆକାର ବି ନିରାକାର
ଜଳ ହି ସୁନ୍ଦର...!
ସବୁ ସଂସାରର
ଯାତ୍ରା ଭବିଷ୍ୟତର ..!
କଥା ଜଳର,
କେବେ ବାଦଲ
କେବେ ସାଗର,
କେବେ ସତ୍ତ୍ୱ ,ରଜ,ତମୋର,
ତ୍ରିଗୁଣାତ୍ମକ ସମାହାର..!
ଅମୃତ ଧାରା ବିଶ୍ୱର।
ବର୍ବାଦ ନହେଉ
ଜୀବନର ଲକ୍ଷ ହେଉ
ଜଳ ସଞ୍ଚୟ ।
ମୂଳ ଧେୟ ।
ତେବେ ତ ଜୀବନ ଥୟ ॥

ରାସ୍ତା

ରାସ୍ତା ଏତେ ଶୁନ୍ ଶାନ୍
କେହି ଜଣେ ନାହିଁ
ପଥିକ ବି !
ଏକୁଟିଆ ରାସ୍ତାଟା
ଏକୁଟିଆ ପଡ଼ିଛି
କେହି ପଥିକ ଆସିପାରନ୍ତି
ଗାଡ଼ିରେ, ପାଦରେ, ରାସ୍ତା ସହ ଚାଲି ପାରନ୍ତି
କେହି କେହି ଏକୁଟିଆ ରାସ୍ତା ବିଷୟରେ
କହି ବି ପାରନ୍ତି
ହେଲେ ରାସ୍ତା ସେମିତି ପଡ଼ିଛି ।
ଏଯାଏ ବି କେହି ଆସିନାହାନ୍ତି
ଏବେ ରାସ୍ତା ବୁଝୁ
ଏକା ଏକା ଚାଲିବାର ଯନ୍ତ୍ରଣା
ଏକଲା ଦୌଡ଼ିବାର ଇଚ୍ଛା

ବୋଝ

ହଁ ପରା, ହଜାର ଦାୟିତ୍ୱ
କେତେ ବୋହି ବୋହି ଚାଲିବ !
ଏଠି ତ କାହାର ନଥାଏ ସ୍ଥାୟିତ୍ୱ ।
ଶୈଶବ କୈଶୋର
ଚାଲିଗଲା କେତେବେଳେ
ଯୌବନ ସୁଖର ଦୋଳିଖେଳ
ଅପରାହ୍ନର ବୟସ !
ନାହିଁ ଅଭିଯୋଗ ଅଭିମାନ
ଶେଷ ନିଃଶ୍ୱାସରେ ଶ୍ମଶାନ
ସରିଯାଏ ସବୁ ଅୟସ !
ଲୋଡ଼ା ଟିକେ ମାଟି
ମିଳିଗଲେ ପୁଣ୍ୟ ଫଳେ
ଶେଷବେଳେ ଆଗେ ଚାଲେ
ପାପ ଯାଏ କଟି
ଜୀବନର ପାହାଚରେ !
ବଦଳିବା ନିଶ୍ଚୟ ଲିଖିତ
ଆଉ ସବୁ ଅଲିଖିତ
ସମୟର ଆବର୍ତ୍ତ ଭିତରେ !

ପଲ୍ଲୀବଧୂ

ଆଖିରେ ଆଖିଏ ସଂଭ୍ରମ ନେଇ
ମଥାନତ ଚାଲି ଚାଲେ
ଗୁରୁଜନ ଦେଖି ଆଡ଼ ହୋଇଯାଏ
ତା ହସରେ ଦୁନିଆ ଭୁଲେ
ଧୀର କଥା ତାର ମିଠା ଭରପୂର
ଶତ୍ରୁ ହୋଇବ ମିତ
ନୂଆବୋହୂ ହୋଇ କଥା କହୁଥାଏ
ପିକ କି ଗାଉଛି ଗୀତ
ନାଲି ସିନ୍ଦୂରର ନାଲି ଓଢ଼ଣୀରେ
ଜଣାପଡ଼େ ପଲ୍ଲୀବଧୂ
ନାଲିଆପାଟର ନାଲି ଶଙ୍ଖା ତାର
ରୂପରୁ ଝରେ ତା ମଧୂ
ପାଦ ଅଲତାର ନାଲି ସରୁଧାର
ତା ପାଦକୁ ମାନୁଥାଏ
ସୁରୁଜ ନ ଉଠୁ ପଲ୍ଲୀବଧୂ ଉଠି
ନଦୀକୁ ଗାଧୋଇଯାଏ
ତୁଳସୀ ମୂଳରେ ଜଳ ଢାଳିକରେ
ସ୍ୱାମୀ ସୁଖ ମାନସିକ
ରୋଷେଇ ଘରର ମାଲିକାଣୀ ସିଏ
ରଖଇ ସଂସାର ଟେକ ।

ଭିଡ଼ ବି ସୁନ୍ଦର

ହାଇୱେରେ ଭାରି ଭିଡ଼ ।
କଦଳୀ ବିକ୍ରିରେ ମଜା ନେଇକି
ହସି ହସି ବାହାରି ଆସେ ନକୁଳ ।
ଟ୍ରକ୍ ଦେଖି ବେପାରୀ ହେବାକୁ ଇଚ୍ଛା ହୁଏ ,
ବାଡ଼ିର ଫଳ ବିକିବାକୁ ମନ କୁହେ
ଜାମ୍ ଲାଗିଲେ
ସାଇକେଲରେ ତେଲ ଦିଆହୁଏ ।
ଅଧା ପାଚିଲା କଦଳୀଗୁଡ଼ା
କାରବାଇଟ୍ ଖାଆନ୍ତି ।
ଟ୍ରକ୍ ଡ୍ରାଇଭର ବି ଖାଆନ୍ତି ।
ଜାମ୍ ଫିଟିବା ଯାଏ।
ଭିଡ଼ ଭିତରୁ
ଗୋଟି ଗୋଟି ଗୁଣ୍ଡା ବାହାରନ୍ତି
ନକୁଳ ଡରେ,
ହେଲେ ଭଲ ବେପାର ହୁଏ ।
ନକୁଳର ସାଇକେଲ୍,
ସାଇକେଲରେ କୁଣ୍ଡ,
କୁଣ୍ଡରେ କଦଳୀ,
ସବୁ ଦିଏ ବଦଳି ।
ଆତ୍ମପ୍ରତ୍ୟୟ ମନୋବଳ
ତା ନା ନକୁଳ।

ଶତାନବେଇ ସାହସ

ସୁନ୍ଦର ନିର୍ଭର ଆତ୍ମପ୍ରତ୍ୟୟର
ଦୃଢ଼ ମନୋବଳ,
ଦେଖିଲେ ଲାଗିବ ସତରେ
ସେ ଏକ ଅଲଗା ମଣିଷ ପୃଥିବୀର ।।
ଆତ୍ମ ବିଶ୍ୱାସର ଭିତ୍ତି ଉପରେ
ଚାଲିଛି ଜୀବନ ତାର ।।
ପାରିବାପଣର ଭରସା ନିଜର ।
କେହି ଥାଉ ବା ନଥାଉ,
ଦେଉ ବା ନଦେଉ,
କାମ କରିବାର ନିଶା ।
ପେଶା ଦେଖିଛି ବି ଲୋକହସା ।
ଉପରବାଲାର ଅଦେଖା ଶକ୍ତିକୁ
ଅଛି ବୋଲି ତାର ନିର୍ଭର ଯୋଗ୍ୟ ଭରସା...,
ପ୍ରତିଦିନ ତାର ନୂଆ ସମ୍ଭାବନା ଆଶା...!!
ସବୁଠାରୁ ବେଶୀ ଖୁସୀରେ ଚାଲେ
ଅହଂ ଭାବ ଛାଡ଼ି ଦୂରରେ ଭଲେ
ବୟସ ପାରିନି ଅଟକାଇ
ତାକୁ ଚାଲିଛି ଏକଲା ରାସ୍ତାରେ ।
ସ୍ୱାଭିମାନ ତାର ସୁଦୃଢ଼
ଜାଣେ ଜୀବନଟା ନୁହେଁ ଖେଳଘର

।। କହିବାର ଯାହା ଥିଲା

ଯଦି ନଇଁ ଯାଏ ଅନ୍ଧାର ବଳ
ତେଣୁ ସେ ଜୀବନ ଯନ୍ତ୍ରଣା ସହି
ଚାଲିଛି ସବୁ ହଳାହଳ ପିଇ ।
ନାହିଁ ଅଭିମାନ ନାହିଁ ଅଭିଯୋଗ
ସେତ ଶତାନବେର ସାହସ।
ବଞ୍ଚି ବଞ୍ଚାଇବାରେ ରଖେ ବିଶ୍ୱାସ ।
ବୟସର ଦୁଃଖ, ସମୟର ଶୋକ
ସବୁ ତା ଆଗରେ ଅଳିକ।

ବେଡ଼ ନମ୍ବର ଅଣଷଠି

କାଳିଜାଇ ପାଖେ ତାର ଘର
ଆଜି ଘରକୁ ଫେରିବେ
ସାଙ୍ଗରେ ଆଣିଥିବା ବାଲଟି, ମଗ୍, ବେଡ଼ସିଟ୍
ଥାଳି, ଗିନା, ଗିଲାସ, ଚାମୁଚେଇ ।
ଆଉ ଯେତେ ଯାହା ବିସ୍କୁଟ୍, ପାଉଁରୁଟି
ରଖିଥିଲେ ଜମେଇ ।
ଅଳକା କଳି କରୁଛି,
ମଦନ କୁ ଶୋଧୁଛି
ଘରକୁ ଗଲେ ମରିଯିବାର ଭୟରେ
ଖାଲି କାନ୍ଦୁଛି ଯେ କାନ୍ଦୁଛି ।
ଡ଼ର ଖାଲି ମରିବାର ନୁହଁ
ଝିଅ ପାଇଁ ବଞ୍ଚି ବାର ମୋହ
ମଦନର ଅଣହେଲାରେ
ପାଉଁଶ ପାଲଟିବାର କୋହ ।
ଲୁହ ବୋଲ ମାନୁନି ।
ଚିକିତ୍ସାଳୟର ବେଡ୍ ପ୍ରତି ଏତେ ଆକର୍ଷଣ !
ଧନ୍ୟରେ ଜୀବନ !
ଏଠି ଏକ ସଂପର୍କର ଡୋର ବାନ୍ଧି ସାରିଲେଣି
ଏ ଟୁଆଁ ଟୁଇଁ କି ବଣି !

ଖୁବ୍ ଓଦାଓଦା ଆଖି ମଦନର
ସମସ୍ତଙ୍କୁ କନ୍ଦେଇ ଦେଲା ।
ସ୍ତ୍ରୀ ଲାଗି ସତରଦିନର ସେବାକୁ
ଗଣ୍ଠିଲିରେ ବାନ୍ଧିଲା ।
ଭାରି ବିକଳରେ ଚାହୁଁଥିଲା
ଆଖି ତାର ଅଲଗା କଥା କହୁଥିଲା
ପାଉଁରୁଟି ବିସ୍କୁଟ୍ କ୍ଷୀର ଆସିସାରିଥିଲା
ଅଳକାକୁ ଡାକ୍ତର ଦୟା କରିଥିଲେ
ମଦନ ସରଳ ବୋଲି ଅଳକାର
ଢେର ଦେଖା ଶୁଣା କରିଥିଲେ
ଦ୍ୱିତୀୟ ଈଶ୍ୱର କଣ ଅସୁର ହୁଅନ୍ତି ?
ହେଲେ ଅଳକାର ରାତି ତ ପାହାନ୍ତି
ମଦନ ଜାଣେ,
ସମସ୍ତେ ଜାଣି ବି
ନିରୁପାୟର ହାତ ଟେକନ୍ତି ।

ସ୍ପର୍ଶ

ତୁମେ ମତେ ପ୍ରଥମରେ
ଛୁଇଁ ଥିଲ ଯେଉଁ ଦିନ
ଅଭୁଲା ସେ ଛୁଆଁ ଥିଲା
ବଦଳିଛି ଏ ଜୀବନ ।।
ଅନେକ ମିଠା ଛୁଆଁର
ଭିତରେ ଅଛି ସ୍ୱତନ୍ତ୍ର
ଜୀବନରେ ବଞ୍ଚିବାର
ସେ ଛୁଆଁ ମୋ ମୂଳମନ୍ତ୍ର ।।
ବୟସର ସାୟାହ୍ନରେ
ମନଖୋଜେ ସେଇ ଛୁଆଁ
ମିଳିବନି ! ବୁଝିଛି ମୁଁ
ଜଳିଲାଣି ଜୁଇ ନିଆଁ ।।
ତେର ଦିନ ସରିଗଲେ
ସରିଯିବ ସବୁ ଖେଳ
ଭିତରର ଇଚ୍ଛାମାନେ
ହେବେ ନାହିଁ ଆଉ ମେଳ ।।
ଆସନ୍ତୁନି ଥରୁଟିଏ !
ଦେଖି ବାକୁ ନିଆଁ ଧାସ
ମରଣରେ ମିଳିଯାନ୍ତା
ତୁମର ସେ ଶେଷ ସ୍ପର୍ଶ ।।

ଅନୁତାପ

ଜୀବନର ଲମ୍ବା ରାସ୍ତାରେ ତମେ
ଆଗକୁ ମାଡ଼ି ଚାଲିଗଲା ପରେ
ଏକଲା ଚାଲି ଶିଖିଲି ।
ପଛକୁ ଫେରି ଚାହିଁବାରୁ
ଅନ୍ଧାରର କୁହୁକ ଭର୍ତ୍ତି ମାୟା
ଗୋଡ଼ ଟାଣିଲା
ସବୁ ପଛକୁ ଠେଲି ଆଗକୁ ମାଡ଼ି ଚାଲିଲି ।
ଅନେକ ଭୁଲର ଅନୁତାପ ନେଇ
ଶ୍ୱାସରୁଦ୍ଧ ହୋଇ, ବଞ୍ଚି ଶିଖିଲି
ଦୁଃଖ ସବୁ ଲୁହ ହୋଇ ବୋହିଗଲେ
ହାଲକା ଲାଗିଲେ
ମନ ଆଉ ଭାବନା
ତୁମ ସହ କେବେ ଚାଲୁଥିଲି ବୋଲି ଭୁଲିଗଲି ।
ଅନୁତାପ, ଜୀବନରେ ବଞ୍ଚିବା ଖୋରାକ !
ଏବେଠୁ ଜାଣିଲି ।

ସୂକ୍ଷ୍ମ ଚେତନାରେ

ନିଜକୁ ସମର୍ପି ଦେଲାପରେ
ବାକି କଣ ଅଛି ଯେ
ତୁମକୁ ଦେବି
କିଛି ତ ନଥିଲା ମୋର ବୋଲି
ସବୁ ତ ତୁମ ଦାନ
କେତେ ବା ନେବି..!
ହୃଦୟରେ ସାଇତି ଥିଲି ଯା
ତୁମ ରୂପ
ଆଖି ଖୋଲପାରେ
ଶେଷ ଯାଏ ପାଇଲିନି ତାକୁ
ହାରିଗଲା
ମରଣ ପାଖରେ।
ମୃତ୍ୟୁ ପରି ଆଉ କିଛି ଥାଏ କି ?
ଯଦି, ହଁ,
ସମର୍ପି ଦେବି ସେଇଠି
ସୂକ୍ଷ୍ମ ଚେତନାରେ ।

ହେ ନୀଳାଦ୍ରିଶ

ଆହେ ପ୍ରଭୁ ନୀଳାଦ୍ରିଶ,
ଶୁଷ୍କ ମନ ପଲ୍ଲବିତ
ଚର୍ମ ଚକ୍ଷୁ ଲଭିବ ଯେ
ତୁମ୍ଭ ଦର୍ଶନ
ସାରି ନବଦିନ ଯାତ୍ରା
ଫେରୁଛ ହେ ଜଗତ୍ କର୍ତ୍ତା
ତୀବ୍ର ଧାବମାନ ଭବେ
ଜଡ଼ ଚେତନା।
ପୂର୍ଣ୍ଣ ହେବ ଶ୍ରୀମନ୍ଦିର
କୋଳାହଳ ଦର୍ଶନର
ବାଜିଲାଣି ମଣିମା ହେ
ବିଜେ କାହାଳୀ
ଜନ୍ମବେଦୀ ଲୀଳା ସାରି
ଭ୍ରାତା ଭଗ୍ନୀ ସଙ୍ଗେ ଧରି
ରଥାରୁଢ଼ ହୋଇଲଣି
ଶ୍ରୀ ବନମାଳୀ ।
ଘଟ, ମର୍ଦ୍ଦଳ, ବନାଟୀ
ଆଲଟ, ଚାମର, ଛତ୍ରୀ

କି ସୁନ୍ଦର ଚାହିଆରେ
ଶ୍ରୀଅଙ୍ଗ ଶୋଭା
ବ୍ରହ୍ମତତ୍ତ୍ୱ ଶ୍ରେଷ୍ଠ ଦାରୁ
ବାହୁଡ଼ା ରଥ ଉପରୁ
ବିଚ୍ଛୁରିତ ଅଲୌକିକ
ସୁନ୍ଦର ଆଭା ।
ଲକ୍ଷ୍ମୀଙ୍କ ମାନଭଞ୍ଜନ
ଦେଖିବେ ଜଗତ ଜନ
ସ୍ୱାଦଯୁକ୍ତ ରସଗୋଲା
ଉପହାରରେ
ଦ୍ୱାର ଫିଟା କଲି ପର୍ବ
ସତେ କି ନାଟ ମାନବ
ମାନମୟୀ ମାନ ଭାଙ୍ଗେ
ଅବଶେଷରେ ।
ଅଧର ମଧୁର ପେୟ
ନୀଳାଦ୍ରିଶ ବାଣ୍ଟିଥାଅ
ଭୁତ, ପ୍ରେତ ଚଣ୍ଡୀ,
ଚାମୁଣ୍ଡାଙ୍କୁ ଗୋସାଇଁ
ଅନ୍ତିମ ପର୍ବରେ ସର୍ବେ
ତ୍ରାହି ତ୍ରାହି ଡାକୁଥିବେ
ଜୀବନରୁ ଯାତନାର
ମୁକ୍ତି ମିଳଇ ।
ନୀଳାଦ୍ରିଶ ଶୁଭିଲାଣି
ଅତି ଶୁଭ ଶଙ୍ଖଧ୍ୱନୀ

୮୪ ॥ କହିବାର ଯାହା ଥିଲା

ବିଜେକର ମହାପ୍ରୁ
ଶ୍ରୀ ନୀଳକନ୍ଦର
ମନ୍ତ୍ରଧ୍ୱନିର ଓଁକାର
ନେତ ଶ୍ରୀ ନୀଳଚକ୍ରର
ଉତ୍‌ଫୁଲ୍ଲିତେ ଉଡୁଅଛି
ଯେ ଫର୍ ଫର୍ ।
ହାତଟେକି ତୁମ ଆଗେ
ବାରବାର ମୋକ୍ଷ ମାଗେ
ଜୀବନେ ଅର୍ଜିଛି ପାପ
ପୁଣ୍ୟ ମୁଁ ଯାହା
ନୀଳାଦ୍ରି ବିଜୟ ଦେଖି
କଟୁ ତ୍ରାସ ଚକାଆଖି
ପିଣ୍ଡରୁ ଏ ପ୍ରାଣ ଛାଡୁ
ହେ ଚଉବାହା

ଫେରିବା ବେଳା

ମୁଁ କିଛି କହିଥିଲି
ତମେ କିଛି କହିଥିଲ
ସହିଥିଲା ଦୁହିଁଙ୍କ ସମୟ
ସେବେଠୁ ସମୟ ରୁଷି ବସିଛି..!
ଆଜି ଘର ପାଖ ଆମ୍ବ ଡାଳରେ
ହଳଦୀବସନ୍ତ
ଏ ଡାଳରୁ ସେ ଡାଳ ଉଡ଼ି ବୁଲୁଛି ।।

ହେ
କଥା ଥିଲା ପରା
ସାତ ଜନ୍ମ ପାଇଁ ତମେ ମୋର ମୁଁ ତମର
ଶୁଣିଥିଲେ ପ୍ରେମ କାଳେ ଅମର।
ହେଇପାରେ ,
ତମେ, ତମ ଫେରିବା ବେଳା ସମାନ ।
ଅପେକ୍ଷା ଏଯାଏଁ ସରୁନି
ହଳଦୀବସନ୍ତ ସେମିତି ଡେଉଁଛି ।।
ଆଉ କେତେଦିନ
କେତେଦିନ ଏମିତି ଟାଣି ଘୋଷାଡ଼ି
ଜବରଦସ୍ତ ଭଲରେ ଥିବାର

ଦେଖେଇହବାର ଢଙ୍ଗକୁ
ଦେଖାଉଥିବା, ଦୁନିଆଁକୁ ।
ଆଉ କେତେବା ସମୟ ବାକିଅଛି
କିଏ କହିପାରିବ
ଜୀବନକୁ ଶେଷ ଯାଏ ଜୀଇବାକୁ
ବଖାଣି ପାରିବ ?
ଆଉ କେତେକାଳ ପରେ,
ସ୍ୱାର୍ଥର ଇମାରତ୍
ଭୁଷୁଡ଼ି ପଡ଼ିବାର ଖବର
ଜଣା ପଡ଼ିପାରେ ?

ଆଉ କଣ ସତରେ
ଏକ ଭିନ୍ନ ପୃଥିବୀର
ଅକ୍ଷାଂଶ ଓ ଦ୍ରାଘିମା
ଏକ ହେଇଯିବେ
ନୂଆ କିଛି ଆରମ୍ଭ କରିବେ ।

ବାଜିମାତ୍

ସ୍ତବ୍ଧ ଆଉ ସଭିଏଁ ଚକିତ....!!
ଜୀବନକୁ ମୃତ୍ୟୁ କରେ
ସଦା ବାଜିମାତ୍ ।
ସଂସାରର ଚିରନ୍ତନ ସତ୍ୟ
ଆସିଲେ ତ ଯିବାଟା ନିଶ୍ଚିତ
ହେଲେ ଏତେ ବେଳାବେଳି
ମୃତ୍ୟୁକୁ କେମିତି କଲ
ଜୀବନ ଠୁ ଏତେ ଆପଣାର ?
ସତେ କଣ ତା ସହ ଥିଲା
ତୁମ ଏତେ ପରିଚିତ ?
ନା ଆମେ ମାନିନେବୁ ସହଜରେ !
ସବୁଥାଏ ବିଧି ନିର୍ଦ୍ଧାରିତ ?
ଜୀବନରେ ମୃତ୍ୟୁର ତ ନାହିଁ ନୂତନତ୍ୱ ।
ତଥାପି ଗ୍ରହଣ କେବେ ହୁଏନାହିଁ
ହୃଦ ହୁଏ ସଦା ବ୍ୟାକୁଳିତ ।
ବନ୍ଧୁରେ ! ଖାଲିଯାହା ତୁମଲାଗି,
ତୁମ କଥା ଭାବି ,
ନୀରବରେ କରୁ ଅଶ୍ରୁପାତ ।।
ଆସନ୍ତନି ଫେରି...!

ମୃତ୍ୟୁର ଦ୍ୱାରଦେଶ ଭାଙ୍ଗି ?
ହୁଅନ୍ତା ନି ? ଖାଲିଥିବା ଶୁନ୍ୟର ପୂର୍ଣ୍ଣତା
ଦେଖନ୍ତେ ସଭିଏଁ ତୁମ
ଆମାୟିକ ହସର ଗଭୀରତା ।
ସମ୍ଭବ ତ ନୁହେଁ
ମନେ ମନେ ଝୁରିବୁ ସଭିଏଁ ।
ଯେଉଁଠି ଯେଉଁ ଦେଶରେ ଥାଅ ତୁମେ
ଆତ୍ମା ତୁମ ଭଲରେ ରହୁ
ଈଶ୍ୱରଙ୍କ ପାଖେ ପାଖେ ରହି
ସଦା ଶାନ୍ତି ପାଉଥାଉ ।

ଦୁଃଖ ପ୍ରଶମନ

ଅଜ୍ଞାନର ଅନ୍ଧକାର
ଗାଢ଼ ହେଇଗଲା ପରେ
ତୁମ କରୁଣାରେ
ଉଦ୍ଭାସିତ ହୋଇଉଠେ
ଯାହାର ଜଠର,
ଦେବକୀ ମାଆ ସେ
ଗୁମୁରି ଗୁମୁରି କାନ୍ଦୁଥାଏ
ସହୁଥାଏ ଦୁଃଖ
ପୁତ୍ର ବିଚ୍ଛେଦର ।।
ଗୋପ ନଗରୀରେ
ନାଚୁଥାଏ ଖୁସୀର ଲଗନ
ନନ୍ଦନନ୍ଦନର ଜନ୍ମଦିନ ।
ଜଳ, ସ୍ଥଳ, ଆକାଶ, ବତାସ
ସବୁ କୃଷ୍ଣକଳାରେ ରଙ୍ଗୀନ ।
ହେବ କଷ୍ଟ ଦୁରୀଭୂତ
ଅଷ୍ଟମ ଗର୍ଭରେ ହେବ
ଭବିଷ୍ୟତ ବଳୀୟାନ୍ ।
ସକଳ ପାପଭାରା ନାଶ କରି
ଧର୍ମ ପ୍ରତିଷ୍ଠା ପାଇଁ
ଅନ୍ଧକାରରେ ବିଶ୍ୱଜନଙ୍କୁ

କରୁଣା ପରଶରେ
ଭିଜେଇଦବାକୁ
ପରିତ୍ରାଣ କରିବାକୁ
କଂସ ପରି
ଅନେକ ଅସୁରଙ୍କ ଠାରୁ
ରକ୍ଷା କରିବା ପାଇଁ
ଆସିଛ ଓହ୍ଲାଇ ।
ଅଷ୍ଟମୀ ତିଥିର
ମହାର୍ଘ୍ୟ ମୁହୂର୍ତ୍ତରେ,
ଜନ୍ମ ନେଇଛ ବୋଲି
ଜନ୍ମାଷ୍ଟମୀରେ
ଉଠୁଛି ପଡୁଛି ନନ୍ଦଘର ।
ନନ୍ଦ ଯଶୋଦାଙ୍କ ପୁଲକିତ ପ୍ରାଣ
କରେ ଖୁସୀ ଆବାହନ ।
ହେ କୃଷ୍ଣ, ହେ ମନମୋହନ
କୃଷ୍ଣମୟ ଜଗତରେ
ହୋଇଯାଉ ସବୁତକ
ଦୁଃଖ ପ୍ରଶମନ।

ଥରେ ଆସ

କେମିତି ପୂଜିବି ତୁମକୁ ଗଣେଶ
ତୁମ ଶୁଣ୍ଢ ଦେଖି ହସେ
କେତେ ଲଡ୍ଡୁ ଖାଇ ପେଟ ବଢ଼ାଇଛ
ଲମ୍ବୋଦର ଫୁଟି ଦିଶେ ।।
ଏକଦନ୍ତ ଧରି କେମିତି ଖାଉଛ
ମୂଷିକ ବାହାନ ଧରି
ନିଶକୁ ଫୁଲେଇ ଦେଉଛି ହଲେଇ
ବସିଅଛି ବୀର ପରି ।।
ଯିବୁନାହିଁ ସ୍କୁଲ, ସାଙ୍ଗ ସାଥୀହୋଇ
ହେବନି ପୂଜା ସଉକ
କେମିତି ପୂଜିବୁ ପୁଷ୍ପାଞ୍ଜଳି ଦେବୁ,
ଶ୍ରୀଫଳ, ଲଡ୍ଡୁ, ମୋଦକ ।।
ବାଜା ବାଜିବନି ରୋଷଣୀ ହେବନି
ମନେ କରୁ ଆବାହନ
ଥରେ ହେଲେ ଆସ ବିଘ୍ନ ହେଉ ନାଶ
ଆହେ ପ୍ରଭୁ ଗଜାନନ ।।

ଅକୁହା

କେତେଯେ ଆଖିପତା ଉଠିବ ପଡୁଥିବ
ତତଲା ପାଣିସବୁ ନିଇତି ଗଡୁଥିବ
ଏ ଯନ୍ତ୍ରଣା ଏ ବେଦନା ସତେକି
ଶେଷ ହେବ
କିଅବା ଓଠ ଡେଇଁ ହୃଦୟ ଛୁଉଁଥିବ ।।
ଅନ୍ତତଃ ଥରୁଟିଏ ଅନ୍ତର ଭରିଲାନି
ମନର କଥା କେବେ କହିବି ପାରିଲିନି
ମୁଗ୍ଧ ମନମୋର ମୋହରେ ମର୍ମାହତ
ଏ କାୟା କଳ୍ପନାରେ ଅନେକ ଯେ ଅତୀତ ।।
ବଦଳି ଗଲାବେଳେ ସମ୍ପର୍କ ଆପଣାର
ଅନନ୍ତ ଆକାଶରେ ଅନ୍ତ ଖୋଜିବାର
ଚେଷ୍ଟା ସରେ ନାହିଁ ନିଜକୁ ଖୋଜିବାର
ଅବୁଝା ରହିଯାଏ ତମାମ ଆୟୁଷର ।।
ଦିବସ ରଜନୀର ମାସର ବରଷର
ସମୟ ଜୀଏଁ ଖାଲି ବଦଳ ଶରୀରର
ଆତ୍ମା ପରମାତ୍ମା ବୁଝେନି ଏ ସଂସାର
ତଥାପି ଭେଟୁଥାଏ ବାଟରେ ବାରବାର ।।
ରାସ୍ତାରେ ଚାଲୁଚାଲୁ ଝୁଣ୍ଟିଛି ଯେତେବେଳେ
ମନ ମୋ ଖୋଜି ଉଠେ ଜାବୁଡ଼ି ଧରିବାରେ
ହୁଅନ୍ତା କେହି ଜଣେ ସାଥି ଏ ଯାତ୍ରାରେ
କଟିଯାଆନ୍ତା ଜୀବ ଆୟୁଷ ଶେଷ ଧାରେ ।।

ବୋଉ ଓ ପିଲାଦିନ

ପିଲାଦିନ କଥା କହି ବସୁଥିଲେ
ବୋଉ କଥା ମୋର ଆଗରେ ଆସେ
ଯାହା ଲାଗି ଆମ ଘରଟି ସତରେ
ସ୍ନେହ ଶରଧାରେ ମହକି ବାସେ ।
ଶାଗ ମୁଗ ଦେଇ ରାନ୍ଧିଥାଏ ବୋଉ
ବଡ଼ିଚୁରା ସହ ପଖାଳ ବାଢ଼େ
ନ ଲୁଣ ଛ ଭଜା ଲୋଡ଼ା ପଡ଼େ ନାହିଁ
ନିଦୁଆ ଆଖିରେ ଟ୍ୟୁସନ ବେଳେ।
ମଣ୍ଡାପିଠା ଆଉ ଚିତଉ ଚକୁଳି
ବୋଉ ହାତ ରନ୍ଧା ଅମୃତ ସମ
ରାତିରାତି ଜଗି ପାଖେ ବସିଥିବ
ଜରରେ ତା ଛୁଆଁ ଯେ ଅନୁପମ।
ବାର ମାସେ ତେର ଓଷା ବ୍ରତ କରେ
ଜେଜେ ବୁଢ଼ୀ ମା'ଙ୍କୁ ମାରେ ମୁଣ୍ଡିଆ
ବାପାଙ୍କ ରାଗରୁ ବେତ ମାଡ଼ ଠାରୁ
ରକ୍ଷିବାକୁ ସିଏ ଆଗରେ ଠିଆ।
ସୁନାବୋହୂ ହୋଇ ଶାଶୂଘରେ ପାଇଁ
ଚଳିବା ପାଇଁ କି ଦେଇଛି ଶିକ୍ଷା
ବୋଉ ନାହିଁ ଏବେ ଖାଲି ଯାହା ଅଛି
ତା ଠୁ ପାଇଛି ଜୀବନ ଦୀକ୍ଷା।

ଭୂତ ଫୁତ କିଛି ନାହିଁ କହୁଥାଏ
ତଥାପି ବୋଉକୁ ଜଡ଼େଇ ଧରେ
କଙ୍କି ଧରଣ ମାଆର ମରଣ
ସତ ଭାବି ମାତେ ଅନ୍ୟ ଖେଳରେ।
ବୋଉ କହେ ଖରାବେଳେ ନିତିଦିନ
ପିଲାଚୋର ଆମ ଗାଁକୁ ଆସେ
ଦି ଆଖିକୁ ନିଦ ଆସୁ କି ନଆସୁ
ଶେଯରେ ଘୁମେଇ ପଡ଼େ ଶେଷେ।
ଗାଁ ପାଖ ଦୋଳ ବାଦାମ ଚାଉଳ
ବଦଳରେ ଆଇସକ୍ରିମ ବିକଇ
ପୋକଥାଏ କେହି ଖାଅନାହିଁ ତାକୁ
ବୋଉ କହୁଥାଏ ମୁହଁ ଫୁଲେଇ ।
ବୁଢ଼ୀ ଠାକୁରାଣୀ ଗାଧୋଇଦେବାକୁ
ନଖିନା ପୂଜାରୀ ପାଖୁ ଯିବାକୁ
ଅମଙ୍ଗ ହୋଇଲେ ପାହାର ଖାଇଛୁ
ଜଗି ବସି ଥାଉ ଆମ୍ବ ତୋଟାକୁ ।
ବୋଉ ବୁଢ଼ୀ ହେଲା ବାପା ଚାଲିଗଲେ
ବୋଉ ହେଲା ଏବେ ଶାଶୂ କହର
ତା ବୋହୂ ଶାସନ ଦେଖି ଅଭିମାନେ
ବଦଳେଇଦେଲା ମନର ଯୋଅର ।

ବେଶି ଭଲପାଏ

ଧୂ ଧୂ ଖରାବେଳ ଜହ୍ନରାତି ଲାଗୁଥିଲା ମତେ
ତୁମେ ଥିଲ ସାଥେ
ଫୁରସତ ନଥିଲା ମୋର
ହାତେ ଥିବା ମୋବାଇଲ ଫୋନ୍
ହ୍ବାଟସ ଆପ୍ ,ମେସେଞ୍ଜର
ମେମୋରିକୁ
ହଠାତ ସବୁତକ
ପ୍ରେମ ମୋର ଚୁପ୍ ପଡ଼ିଗଲା
ମାର୍କେଟରେ
ତୁମ ସହ ଆଉଜଣେ
ଢେର ହସୁଥିଲା
ଅପ୍ରସ୍ତୁତ ଆଖି ଆଉ ମନ
ଭାଗ କରିଦେଲେ
ବନ୍ଧ କରିଦେଲେ ମୋର
ତୁମ ସହ ଦେଖୁଥିବା
ସୁନେଲୀ ସପନ ।।
ସମ୍ପର୍କ କଟିଲା ପରେ
ଆଉ କଣ ଦରକାର
ଫୋନ୍ କରିବାରେ!
ନମ୍ବର ରଖିବାରେ।

୯୬ ।। କହିବାର ଯାହା ଥିଲା

ସମୟର ଚୋରାବାଲି ଧିରେ ଧିରେ
ସରି ଆସୁଅଛି
ଘୁଣଖିଆ ପୋକଖିଆ
ଶରୀର ମୋ ଅବଶ ଲାଗୁଛି
ହାତେ ଧରି ମୋବାଇଲ
ଦେଖୁଥିଲି ତୁମ ପ୍ରୋଫାଇଲ ।
ଦୁଃଖ ପୁର୍ଣ୍ଣ ବାର୍ତ୍ତା ସହ ଫଟଟିଏ
ଥିଲା ଭାଇ ପାଇଁ
ସେଦିନ ସେକଥା କାହିଁ
ବୁଝିପାରିଲିନି
ନିଜ ହାତେ ନିଜ ପ୍ରେମ ଅବିଶ୍ୱାସ
ନଈଧାରେ
ଜଳାଞ୍ଜଳି ଦେଲି ।
ମୃତ୍ୟୁର ପାଦଶବ୍ଦରେ
ଜାଗିଉଠେ, ବଞ୍ଚିବାର ନିଶା
ତମ ସହ ଖୁସୀକିଛି ପାଳିବାର ଇଚ୍ଛା ।
କହିଦେଇ ମୁକ୍ତିପାଇ
ସେ ପାରିକୁ
ଯିବାପାଇଁ ଚାହେଁ
ସଙ୍ଗିନୀରେ ତୁମକୁ ମୁଁ
ଜୀବନରେ
ବେଶୀ ଭଲପାଏ ।।

ମୋ ଗାଁ ନଈ ଓ ତମେ

ମୋ ଗାଁ ନଈ
ତମ ଦିହର ହଳଦୀ ପାଣିରେ
ରଙ୍ଗିଲା ଦିଶୁଥାଇ ।।

ମୋ ଗାଁ ମନ୍ଦିର
ତମ ନାଁରେ କଳସ ବସେ
ଗଭୀର ବିଶ୍ୱାସର ।।

ମୋ ଗାଁର ଖରା
ତୁମ ଦେହରେ ନେସିହୋଇ
ଦିଶଇ ବେଶ୍ ତୋରା ।।
ମୋ ଗାଁର ଚାନ୍ଦ
ଉଙ୍କିମାରେ ତୁମକୁ ଦେଖି
ଜୀବନ ତୋଳେ ଛନ୍ଦ ।।

ମୋ ଗାଁ ଆକାଶ
ତୁମ ପ୍ରେମର ଇନ୍ଦ୍ର ଧନୁରେ
ସ୍ୱତନ୍ତ୍ର ବିଶେଷ ।।

ମୋ ଗାଁର ପବନ
ତମ ସୁରଭି ଉଡ଼ାଉଥାଏ
ଛୁଏଁ ମୋ ତନୁମନ ।।

ମୋ ଗାଁ ଅନ୍ଧାର
ବହଳ କଳା ତୁମ କୁନ୍ତଳ
ଲଗାଏ ଯେ ସୁନ୍ଦର ।।

ମୋ ଗାଁ ପାହାନ୍ତି
ତୁମ ଆଖିର ତନ୍ଦ୍ରା କଟେ
ସୂରୁଜ ସଜ ହୁଅନ୍ତି ।।

ମୋ ଗାଁ ପକ୍ଷୀ କାକଳି
ତମକୁ ବାର୍ତ୍ତା ଦେଇ ଆସନ୍ତି
ଦଳକୁ ଦଳ ମେଳି ।।

ମୋ ଗାଁ ଓ ତୁମ କଥା
ଭାବି ବସିଲେ ଅସରନ୍ତି
ବଢୁଛି ଛାତି ବ୍ୟଥା ।

ଘିଅ ପଖାଳ

ମୋ ଶାଗ ପଖାଳ ତୋ ଘିଅ ପଖାଳ
କେତେ ସୁଆଦିଆ ଆହା
ଓଡ଼ିଆ ଘରର ଆଶା ଭରସାର
ଖରା ତାତି ବେଳେ ସାହା ।।
ପଖାଳ ପାଣିର ଟଙ୍କତୋରାଣିରୁ
ପେଟେ ପିଇ ଦେଲେ ଶାନ୍ତି
ବିଶ୍ୱାସ ନିଃଶ୍ୱାସ ଘର ଧରିଯାଏ
ଭୁଲିଯାଏ ଖରା ତାତି ।।
ଗ୍ରୀଷମର ଖରାରେ ହଂସା ଉଡ଼ିଯାଏ
ଉଦର ଆଦର ଲୋଡ଼େ
ମୁଠାଏ ପଖାଳ ବଲ୍ଲଭ ଦହିରେ
ଅମୃତକୁ ମୁହଁ ମୋଡ଼େ ।।
ଭାବର ଠାକୁର ଅଭାବୀର ଘର
ପୁରିଯାଏ ପଖାଳରେ
ବଡ଼ଲୋକି ଢାଞ୍ଚା କାଢ଼ି ପାରେନାହିଁ
ପଖାଳ ପାଖରେ ହାରେ ।।
ତପତ ସମୟ ବଡ଼ ଅସହାୟ
ଜଗନ୍ନାଥ ଭୋଗ ଖାଏ
ଘିଅ ପଖାଳରେ ଶାଗଭଜା ବଡ଼ି
ମହ ମହ ବାସୁଥାଏ ।।

ରଙ୍ଗ ପରବ

ରଙ୍ଗର ପରବ ହୋଲି ଆଣି ଆସେ
ବସନ୍ତର ଅଭିସାର
ପ୍ରୀତି ସରାଗରେ ପୁଲକିତ
ଧରା ମାଖି ରଙ୍ଗର ଅବିର ।।

ବଇଁଶୀର ମଧୁ ମୂର୍ଚ୍ଛନା ମନେ
ବିଭୋର ବସନ୍ତରାସ
ରାଈ ଦାମୋଦର ବିମାନରେ ବିଜେ
ବୁଲନ୍ତି ହୋଇ ସୁବେଶ ।।

ଝୁଲି ଝୁଲି ଆସୁଥାନ୍ତି ବନମାଳୀ
ପିଚକାରୀ ସାଥେ ନେଇ
ଭକତି ନୈବେଦ୍ୟ ବାଢ଼ନ୍ତି ସଭିଏଁ
ରାଧାକୃଷ୍ଣ ପ୍ରେମେ ବାଇ ।।
କୋଇଲିର କୁହୁକୁଜନର ଛନ୍ଦ
ପ୍ରକୃତି ରୂପ ସମ୍ଭାର
ପ୍ରେମର ଫଲ୍ଗୁରେ ବକୁଳ ଗନ୍ଧରେ
ସୁନାରୀ ବୃକ୍ଷ ଚାମର ।।

ଦିବ୍ୟତାର ଆଭା ବିମାନରେ ଶୋଭା
ଶ୍ୟାମ ରାଧା ଏକ ସଙ୍ଗେ
ଶାଶ୍ୱତପ୍ରେମରେ ଅପୂର୍ବ ପୁଲକ
ଖେଳିଯାଏ ନାନା ରଙ୍ଗେ ॥

ଯୁଗଳ ମୁରତି ପାପତାପ ହାରି
କାଟିଦିଅ ସବୁ ବାଧା
ଜୀବନ ରଙ୍ଗକୁ ସାତରଙ୍ଗେ ଭରି
ଦିଅହେ କହ୍ନାଇ ରାଧା ॥

କହିବାର ଯାହାଥିଲା-୮

ବୋଉ ଲୋ,
ତୋ ଫୁଟଣ ଡ଼ବାରୁ,
ବୁଢ଼ୀ ମା ପାନ ଡାଲାରୁ
କୁନି କୁନି ହାତରେ
ଦି ଟଙ୍କା ଦଶ ପଇସା
ପୁରିଆନା ଦୋକାନରେ
ଯିବାର ମୁଁ ଦେଖିଛି
କହିପାରିନି ଲୋଭରେ
ତୋ ଗାଳି ଭୟରେ
ଆଉ ବୁଢ଼ୀ ମାର ଭାଇ ପ୍ରତି ସ୍ନେହରେ
କେମିତି କହିଥାନ୍ତି ଯେ...
ମୋ ଭାଇ କଥାକୁ
କେମିତି ଭାଙ୍ଗି ଦେଇଥାନ୍ତି ଯେ
ଏମିତି ସବୁବେଳେ
ସେ ଡ଼ବା ଉଣ୍ଡାଳେ
ବୁଝି ସାରିଲା ପରେ
ଏତେ ସ୍ନେହ କେମିତି ଅଜାଡ଼ି ଦେଲୁ
ଏବେ ତ ସେ ଆକାଶରେ
ତୁ ବି ତା ପାଖରେ
କହିବାର ଯାହାଥିଲା
କେମିତି କହିପାରିବି କହିଲୁ ।

କହିବାର ଯାହାଥିଲା- ୨

ମୁଁ କହିପାରିନାହିଁ
କହିବାର ଯାହା ଥିଲା
ମୁଁ ସହି ପାରିନାହିଁ
ସହିବାର ଯାହା ଥିଲା
କହିବା ସହିବା ଉପରେ
ଆଉ ବି ଯାହା ରହିଲା
କେମିତି ଜାଣିବି
ସମୟ ସରିଲା
ସାଥେ ସାଥେ ସବୁ
ଜୀବନ ଯମୁନା
ପାଣିସହ ବହିଗଲା ।

କହିବାର ଯାହାଥିଲା-୮୩

କହିପାରି ନାହିଁ ଆଉ କିଛି
କହିବାର ଇଛା କେବେଠୁ ଗଲାଣି
ଯେବେଠୁ ତୁମକୁ
ଏ ଜୀବନେ ନେଲି ବାଛି ।
ଜୀବନରେ କେବେ କେବେ
ଅଭିଯୋଗ ଆଉ ଅଭିମାନ କରିନାହିଁ
ନୀରବରେ ଗଲି ରହି
ଆଉ କାହିଁକି କହିବି ଏବେ ।
କହିବାର ଥିଲା ଯେତେ ଯାହା
କହିଦେଇଥିଲେ ସବୁ ମୁହଁ ଖୋଲି
ଆଗ ପଛ କଥା ସବୁ ଭୁଲି ଭାଲି
ମିଳିଥାନ୍ତା ଖାଲି ପଦେ ଆହା ।
ଚଳିତ ଯାଉଛି ଏଠି
ସଂସାର ଭିତରେ ହସ ଓ ଖୁସୀର
ତେଲ ଲୁଣ ଆଉ ସଂସାରୀପଣର
ସବୁପରା ମାପକାଠି ।
ଦୁଃଖ ହେଉ ଅବା ସୁଖ
ଜୀବନ ସାଥୀର ସାଥ ମିଳିଗଲେ
ବଜ୍ର କଠିନ କଷ୍ଟ ବି ତରଳେ
ଛାଡ଼ି ପଳାଇବ ଦୁଃଖ ।

କହିବାର ଯାହାଥିଲା-୪

ମନତଳେ ଚାପିଥିବା
କଥା ପଦେ
କହି ପାରିଲିନି ବୋଲି
ତୁମ ସହ ସାଲିସର
ସଂସାର ବାନ୍ଧିଲି ।
ସାତତାଳ ପାଣି ତଳେ
ପଦ୍ମ ପୋଖରୀରେ
ବୁଡ଼ିବାର ଅନୁଭବ
କଥା ଯାହା ଗୋପନରେ ଅଛି
ଏମିତି ଥାଉ
ସଂସାର କହିଲେ ମୁଁ ତ ଏୟା ହିଁ ବୁଝିଛି ।
ସାଲିସ୍ ର ସଞ୍ଜା ସହ
ଛକାପଞ୍ଝା ସତମିଛ ଖେଳର
ଗୋଟିକୁ ଗଣିବା,
ପାହାନ୍ତି ପହରେ ସ୍ୱପ୍ନ
ଆଖି କୁ ଘେରିବା
ସତ ମାନି ଆଗେଇ ଚାଲିବା ।
କହି ପାରିନାହିଁ ସେହି ସତର କାହାଣୀ
ଏଯାଏ ବି ଛାତି ତଳେ ବ୍ୟଥା ଭରେ
ଭାରି ଅସହଣୀ ।

କହିବାର ଯାହାଥିଲା-୪

ଲାଜ ସରମକୁ ଜାବୁଡ଼ି ଧରି
ଚୁପ୍ ରହିବାର ଦ୍ୱାହିରେ
ସବୁ ସହିଗଲି ।

ମେଲେଇ ଦେଲି ପରସ୍ତ ପରସ୍ତ ,
ଝିଅଟିଏ ହେବାର ଚଦର
ମୁଠେଇ ଧରିଲି, ଜାବୁଡ଼ି ଧରିଲି
ଦୟାର, ସହାନୁଭୂତିର ହାତକୁ
ଭୟର, ଦୟାର ଚଟାଣରେ
ଗଡୁଥିବା, ଜୀଉଁଥିବା ଜୀବନ ।

କଣ ଜୀବନ!
କହିତ ପାରିଲିନି
ଆକାଶ ଛୁଇଁବାର ଇଚ୍ଛା
ପକ୍ଷୀ ଠାରୁ ଆହୁରି ଆହୁରି ଉର୍ଦ୍ଧ୍ୱକୁ
ଉଡ଼ିବାର ଇଚ୍ଛା
ମାଟିତଳ ପାଦତଳ ପୃଥିବୀର
ଚିତ୍ର ଆଙ୍କିବାର ଇଚ୍ଛାକୁ ।

ଖୋଲିତ ପାରିଲିନି
ଜୀବନରେ ସମ୍ପର୍କର,
ମିଶାଣ, ଫେଡ଼ାଣ
ଗୁଣନ ହରଣ ।

ହରେଇଦେବାର ଇଚ୍ଛା
ପ୍ରିୟତମ ଲାଗି
ହାରିଯିବାର ଇଚ୍ଛା
ସବୁ ଅକୁହା ରହିଗଲା ।

କହିବାର ଯାହାଥିଲା-୨

ନିବିଡ଼ ଆଶ୍ଳେଷେ ନୀରବତା ଶେଷେ
ନୀଳ ନଦୀ ନୀଳ ଜଳେ
ଆବେଗ ଆହାରେ ଆରାଧନା କରେ
ତପସ୍ୟାର ପୁଣ୍ୟ ଫଳେ ।
ରୋମାଞ୍ଚିତ ତନୁ ତନ୍ଦ୍ରାଚ୍ଛନ୍ନ ପ୍ରାୟେ
ମୁଗ୍ଧ ମଞ୍ଜୁଳ ବେଶେ
ନିଃଶବ୍ଦ ନିଶ୍ୱାସ କ୍ଷିପ୍ରବେଗେ ଧାଏଁ
ପ୍ରିୟତମ ପ୍ରୀତି ଆଶେ ।
ନୂଆ ନୂଆ ନିତି ଅପେକ୍ଷାର ଫଳ
ସୁନେଲି ସ୍ୟାହିରେ ଥିଲା
ଅକୁହା ଆବେଗ ଅଧା ରହିଗଲା
କିଛି କଣ କହିହେଲା।
କହିବା କଥା ମୋ ନକହି ରହିଲା
ଲୁଚାଇଲି ଛାତି ତଳେ
ଝଙ୍କୃତ ହେଲେ ମଧୁର ଯନ୍ତ୍ରଣା
ସହିଯାଏ କଳେବଳେ ।
ଶିରା ପ୍ରଶିରାରେ ପ୍ରେମଧାରା ଧିରେ
ବହୁଛି ସରୁନି ଜମା
ପରମ ସୁଖର ଚରମ ସୋପାନ
କେବେ ହେବନାହିଁ ଧିମା ।

କହିବାର ଯାହାଥିଲା-୭

ତୁମ କୁ ଚିଠିକୁ
ଅପେକ୍ଷା କରି
ସମୟକୁ ଦେଲି ସାରି
କହିପାରିଲିନି
ପ୍ରିୟତମ ତମେ ମୋର
ଆପଣାର ବୋଲି ॥

ଲୁଚି ଲୁଚି ଖାଲି
ତୁମକୁ ଦେଖିବା,
ତୁମର ସେ କମନୀୟ
ରମଣୀୟ ମୁହଁ,
ଆଖିସହ ଆଖିକୁ
ମିଳାଇ
ଦେଖିପାରିଲିନି
କହିପାରିଲିନି
ତୁମ ପରି କେହିଜଣେ
ମୋର ପ୍ରିୟ ନୁହଁ ॥

ଶେଷ ବସନ୍ତ
ଶେଷରେ
ଶେଷ ହୁଏ ନାହିଁ ଜମା
ଅପେକ୍ଷା ଶେଷର
ଏଯାଏଁ ରହିଛି ଚାହିଁ
କହିବାର ପାଇଁ
ଯାହା ମୁଁ ଏବେ ଯାଏଁ
ପାରିନାହିଁ କହି ।

କହିବାର ଯାହାଥିଲା- ୮

ଏଠି ମୁହୂର୍ତ୍ତ ଗୁଡ଼ା
ସ୍ଥିର ଆଉ ଧିର
ଭାଙ୍ଗିଯାଉଛି ଧୈର୍ଯ୍ୟର ବନ୍ଧ
ବୁଝିଜମା ପାରୁନାହିଁ ତୁମରି ଇଙ୍ଗିତ।

ଏବେ ସବୁ ତୁଚ୍ଛ
ସବୁ ମୂଲ୍ୟ ହୀନ ଲାଗେ
ସମ୍ପର୍କର ସଂଜ୍ଞା
ଶେଷ ବେଳା କିବା ଉପସ୍ଥିତ !

ସମୟ ସବୁ କେମିତି
କଟିଗଲା ଗଣନା କରୁଛି
ତଥାପି ବଞ୍ଚିବା ମୋହ ସତେକିବା
ଛାଡ଼ି ମୁଁ ପାରୁଛି ।

ଆଉ କିଛି ନିଃଶ୍ୱାସ ନେବାର ସମୟକୁ
ମାଗି କି ପାରୁଛି !
କହିବାର ଯାହାଥିଲା
କହି କି ପାରିଛି !

କହିବାର ଯାହାଥିଲା- ୯

ଜୀବନ ଆରମ୍ଭରୁ
ମନ ଦେବା ପାଇଁ
ସଜବାଜ ହେଲା ପରେ,
ସରିଗଲା ପରେ ମିଠା ଖଟା
ଅନୁଭୂତି ଯେତେ
ସାଉଣ୍ଟି ଆଣିଲି
କିଛି ପ୍ରେମ କିଛି ପ୍ରତାରଣା
ସଳଖି ଦେଖିଲି
କିଛି କଥା କିଛି ବ୍ୟଥାର
ସମ୍ମିଶ୍ରଣ,
ପାଇବା ହରାଇବାର
ଉଦ୍‌ବେଳନ
ବୋଧହୁଏ କହିପାରିଲିନି
ମୋର ସବୁତକ ଜୀବନ
କେବଳ ତୁମପାଇଁ
ସମର୍ପଣ କଲି ।

କହିବାର ଯାହା ଥିଲା- ୧୦

ଧୂଳିଖେଳ ବେଳେ
ସଞ୍ଜ ହୋଇଗଲେ
ପିତାଶୁଣି ଚିରୁଗୁଣି
ଆସନ୍ତିନି କେହି
ମିଛ କଥା କହୁଥିଲା ଆଇ ।

ଖରାବେଳେ
ନ ଶୋଇଲେ
ଜଗୁଆ ପାଗଳ
କରେ ହଟଗୋଳ
ମିଛେ ମୁହଁ ମାଡ଼ି
ଶୋଇବାର ।

ବରଷା ଝଡ଼ିରେ
ବିଜୁଳି ଚମକ
ହେଲେ ଝକ୍ ଝକ୍
ବାଜେ ନାହିଁ ଇନ୍ଦ୍ର ରାଜା
ବାହାଘରେ ଘଡ଼ଘଡ଼ି ବାଜା ।

୧୧୪ ॥ କହିବାର ଯାହା ଥିଲା

ତୁ ବର ମୁଁ କନିଆଁ
ଷଢ଼େଇରେ ଭାତ
ଡାଲି ବଢ଼ା ହୁଏ
ମିଛର ସଂସାର ଏ ହୁଏ
ସତର ସଂସାର କଣ ଥାଏ ।

କହିବାର ଥିଲା
ଅକୁହା ରହିଲା
ଅଧୁରା ଲାଗୁଛି
ପିଲାଦିନ
ଫେରିବକି!
ସେହି ସବୁ ଦିନ ।

କହିବାର ଯାହା ଥିଲା- ୧୧

କହିଦେଇଥାନ୍ତି ହେଲେ
ଭଲ ଲାଗେ
ତୁମକୁ ଶୁଣିବା
ଲୁଚି ଲୁଚି ତୁମକୁ
ଦେଖିବା
ମନେ ମନେ ତୁମ କଥା
ମନେ ପକାଇବା ।
କହିଥିଲେ କହିଥାନ୍ତି
ଚାଲ ଆମେ
ସାଙ୍ଗ ହୋଇ
ନୀଡ଼ଟେ ରଚିବା
ଦୂର ଏକ ଦୁନିଆରେ
ସଂସାର ବାନ୍ଧିବା ।
କହିପାରିଲିନି ବୋଲି
ଏଯାଏଁ ସହୁଛି
ତୁମ ଠୁ ଦୁରେଇ ଯାଇ
କେମିତି ଜୀଇଛି
ଜୀବନରେ ନିଆରା ଏ
ଅନୁଭବ କଥା
ଏବେବି ଭାବୁଛି ।

କହିବାର ଯାହାଥିଲା- ୮୨

ଆମ ହଷ୍ଟେଲ ନାଲି ମାଉସୀ
ଗରମ ଭାତ ଦିଏ ପରଷି
କହି ପାରେନି କିଛି
ବୋଉ ହାତର ସୁଆଦ ଖୋଜେ
ମନକୁ ମାରି କେତେ ଯେ କାନ୍ଦେ
ସମୟ ସାରିଅଛି
ଏବେ ଭାବୁଛି ବସି ।

କହିଥାନ୍ତି ଥରୁଟେ ହେଲେ
ନାଲି ମାଉସୀ
ମଥାକୁ ଥରେ ମୋ ଦେ ଆଉଁସି
ବୋଉ ପାଖରେ ନାହିଁ
ବୋଉ ଭଉଣୀ ମାଉସୀ ହୁଏ
ମା ପରିକା ସେନେହ ଦିଏ
ତୁମେ ଏତେ ନିର୍ଦ୍ଦୟ କାଇଁ ।

ଆଳୁ ବାହାରେ ଆଳୁ ଭିତରେ
ପାଣିଆ ଡାଲି ପେଜ ଭାତରେ
କେମିତି ମୁଁ ଖାଇଛି
ବୋଉ ମନେ ପଡ଼ିଛି

ସ୍ନେହରେ ଯେବେ ଖୁଆଇଦିଏ
ନଥାଉ ଲୁଣ ଛ ତୁଉଣ
ସବୁ ପେଟକୁ ଯାଏ ।

ମା ଲୋ ତତେ ସାରା ଜୀବନ
ନ ଝୁରିବାକୁ ଦେଇଛୁ ରାଣ
ଚାଲି ଗଲୁ ଯେ କାହିଁ
ତତେ କହିତ ପାରିନାହିଁ
ତତେ କେତେ ଝୁରୁଛି ମୁହିଁ ।

କହିବାର ଯାହାଥିଲା - ଏଣା

ସେ ଜାଗାଟିରେ
ମୋ ବୋଉର ଆଧିପତ୍ୟ ।
ମସଲାର ଗନ୍ଧ ସହ
ଚା, କଫି, ମାଛ, ମାଂସ
ପିଠା, ପଣା
ସବୁବେଳେ ସବୁମିଳେ
ବୋଉ ସବୁବେଳେ ଥାଏ ହାଣ୍ଡିଶାଳେ
ତା ଆବର୍ତ୍ତମାନରେ
ସବୁ ହଜିଗଲା।
ଗନ୍ଧହୀନର ସହୀନ ଜୀବନ ହେଇଗଲା ।
କହିପାରିଲିନି ଯାହା କହିବାର ଥିଲା
ବୋଉ ଲୋ
ସେ କଳା ଟିକେ ମତେ
ଶିଖାଇ ଦେଇଥାନ୍ତୁ କି !
ମୋ ହାତର ସ୍ୱାଦ
ମୋ ପିଲାଙ୍କୁ ରୁଚୁନି
ମୁଁ କିନ୍ତୁ ଏବେବି ଝୁରୁଛି !
ସ୍ମୃତିରେ ଭାସିଯାଉଛି
ତୋ ହାଣ୍ଡିଶାଳ
ତୁ ଆଉ ତୋ ମୁହଁ ।

କହିବାର ଯାହା ଥିଲା- ୧୪

ଭଲ ସମୟ ନିଶ୍ଚୟ ଆସିବ
ଏବେ ନହେଲା ନାହିଁ
ଖରାପ ସମୟ ଗଡୁଛି
କଡ଼ ଲେଉଟାଉଛି
ଦୁଃଖ ଯନ୍ତ୍ରଣା
ଲୁହ ଲହୁ ଏକାକାର ହେଉଛି
ହେଉ ଭଲ ସମୟ ଆସିଲେ
ସବୁକିଛି ବଦଳିଯିବ ।
ଗତିଶୀଳ ଜୀବନର
ଚିତ୍ରପଟ୍ଟରେ ସୁନ୍ଦର ଚିତ୍ରସବୁ
ଆଙ୍କି ହୋଇଯିବ ।।
ସୂର୍ଯ୍ୟ ଚନ୍ଦ୍ର ଆକାଶ ବତାସ
ନିଆଁ ମାଟି ପାଣିର ଚିତ୍ରରେ
ଜୀବନ ଫୁଟି ଉଠିବ ।
ମଧୁରରୁ ମଧୁରତର
ସାତ ସୁର ବୀଣାର ଝଙ୍କାର
ବଞ୍ଚିବାର ଅନୁଭବ
ଗୁଞ୍ଜରି ଉଠିବ ।।

ଭଲ ସମୟ ଆଉ କଣ କି!
ଜୀବନକୁ ଜୀବନ ପରି ଜୀଇବା
ଆଉ କିଛି ମଧୁର ସ୍ମୃତି ସାଉଁଣ୍ଟିବା ।।

ଏମିତି ସମୟ ନିଶ୍ଚୟ ଆସିବ
ସ୍ପଷ୍ଟ ହୋଇ ଉଠିବ ସବୁ
ଧୂଆଁଳିଆ କଲୁଷ କାଳିମା
ଲାଘବ ହୋଇଯିବ ସବୁ
ଅସହ୍ୟ ଯନ୍ତ୍ରଣା
ଘଟିପାରେ ଭଲ ସମୟର
ସବୁଠୁ ଭଲ ଘଟଣା !!

କହିବାର ଯାହା ଥିଲା- ୧୫

କାଖରେ କାଖେଇ
ତାରାକୁ ଦେଖେଇ
ଦେଉଥିଲୁ ସେବେ ଖୋଇ
ଏବେ ତାରାହୋଇ
ଲୁଚିଗଲୁ ତୁହି
ଖୋଜି ମୁଁ ତ ପାଉନାହିଁ ।

ଆଖି ଖୋଜିବୁଲେ
ତାରାଙ୍କ ମେଳରେ
କେଉଁ ତାରାରେ ତୁ ଅଛୁ
ଆଗପରି ଏବେ
ମୁଁ କାନ୍ଦୁଥିଲେ
ସତେ ଦେଖି କି ପାରୁଛୁ ।

କହୁଥିଲୁ ତୁ
ଦୁନିଆରେ କେହି
କାହାର ନୁହଁନ୍ତି ବୋଲି
ଦେଖି କି ପାରୁନୁ
କେତେ ମୁଁ ଝୁରୁଛି

ତୁ ଚାଲିଗଲୁ ବୋଲି ।
ଦିନ ପରେ ରାତି
ଆସୁଛି ନିତି
ଆକାଶ ବି ଅଛି ରହି
ଏମିତି ହୁଅନ୍ତା
ତୋ ପାଖେ ଯାଇ
ରହି ଯାଆନ୍ତି କି ମୁହିଁ ।

ଏହିକଥା ତତେ
କହିବାର ଥିଲା
କହିତ ପାରିଲି ନାହି
ମା ତୋ ପରି
କେହିଜଣେ ଆଉ
ଏହି ଦୁନିଆରେ କାହିଁ ?

ଜାଣିଛି

ଜାଣିଛି ଯେତିକି
ସ୍ମୃତିର ସିନ୍ଦୁକ
କେବେ ଫିଟିବାର ନୁହେଁ
ମୁଁ ଆଉ କେବେ
ତୁମର ହୋଇବି
ଏକଥା ସମ୍ଭବ ନୁହେଁ ।।

ତୁମେ ତୁମ ବାଟେ
ମୁଁ ମୋ ବାଟରେ
ଚାଲିବା ହେଲାଣି ଯେବେ
ସବୁ କଥା ଆମ
ସ୍ମୃତି ସିନ୍ଦୁକରେ
ସାଇତା ହୋଇଛି ସେବେ ।।

ଯଦି କେତେବେଳେ
ବେଳ ଅବେଳରେ
ସ୍ମୃତି ସହ ଭେଟ ହୁଏ
ତୁମ କଥା ଭାବି
ମୋଡୁଥାଏ ଚାବି
କିଛି ଦେଖିବାକୁ ଚାହେଁ ।।

୧୨୪ ।। କହିବାର ଯାହା ଥିଲା

ତୁମଠୁ ଦୂରରେ
ରହିଛି ସତରେ
ସ୍ମୃତି ମୋ ନିଜର ଅତି
ଦୁଃଖରେ ସୁଖରେ
ବେଳ ଅବେଳରେ
ଯାହାକୁ ଭେଟୁଛି ନିତି ॥

ପ୍ରେମରେ ବଞ୍ଚିବା

ଗୋଧୂଳି ବେଳାର ସୁନାଖରା ମାଖି
ନଈପଠା ଆଖିମାରେ
ଶିହରଣ ଆଣେ ଲାଜ ରେଣୁ ବୁଣେ
ଠିଆ ଠିଆ ଝୁଣ୍ଟିପଡ଼େ।

ତୁମକୁ ନେଇ ମୁଁ ସପନ ଦେଖୁଛି
ଭାବେ କେତେ କଥା ମନେ
ଗାଉଛି ମହ୍ଲାର ଆହ୍ଲାଦର ସ୍ୱର
ପ୍ରେମର କଥା ବଖାଣେ ।

ଧାର ଧାର ଝରେ ଲୁହର ବର୍ଷାରେ
ଭିଜିଯାଏ ତନୁମନ
ଓଠ ପିଉଥାଏ ଆଶା ବହୁଥାଏ
ବ୍ୟାକୁଳ ହୁଏ ଜୀବନ ।

ହେ ହୃଦୟଶ୍ୱର
ଦୋଷ ମୋ ନଧର
ବଞ୍ଚିଛି ମୁଁ ସବୁ ତୁମେ ।

୧୨୬ ॥ କହିବାର ଯାହା ଥିଲା

ପରମାର୍ଥ ଲୋଡ଼ା
ମୋ ପାଇଁ ଅଲୋଡ଼ା
ଜୀବନ ତୁମରି ନାମେ ।

ସ୍ନେହ ପ୍ରେମ ସୁଖ ଚାହେଁ ସିନା ଦେହ
ମନ ଆନ କଥା କହେ
ପ୍ରେମକରେ ବୋଲି ଆଶା ଯିବି ଭୁଲି
ଏମିତି ଜୀବନ ଜୀଏଁ ।

ଆଖି ପଲକରେ ପଲକ ପଡ଼ିନି
ତୁମକୁ ଦେଖିଲା ପରେ
ସପନ ଦେଖୁଛି ଏବେ ବି ତୁମକୁ
ଶେଷ ହେବ ଜୁଇଧାରେ ।

ପରମରେ ପ୍ରେମରେ
ବଞ୍ଚିବାରେ ନିଶା
ଆଉ ସବୁ ନିଶା ମିଛ
ତୁମେ ତ ସୁନ୍ଦର ଲଗାଅ ହୁନ୍ଦର
ସବୁ ତୁମ ଆଗେ ତୁଚ୍ଛ ।

ଅଭିଯୋଗ

ମଣିଷ ଜୀବନ ଅଭିଯୋଗ ଭରା
ଈଶ୍ୱରଙ୍କ ପାଖେ ନିତି କରେ
ଆପଣା କର୍ମର ଫଳ ଭୋଗୁଥାଏ
ପ୍ରଭୁଙ୍କ ଇଚ୍ଛାରେ ହେଉଛି ବୋଲେ ।

ଅଭିଯୋଗ ଯିଏ କରିବ ତାହାର
ସୁକର୍ମ ସୁଗୁଣ ମହକୁଥାଏ
ବିଭୁସୁମରଣେ ସବୁ ଭଲମନ୍ଦ
ଅର୍ପଣ କରି ଆଗେଇ ଯାଏ ।

ସୁଖ ମିଳୁନାହିଁ ଶାନ୍ତି ଟିକେ ନାହିଁ
ଏମିତିକା ଅଭିଯୋଗର ଧାରା
ଅଳ୍ପରେ ସନ୍ତୁଷ୍ଟ ଛୋଟ ଜୀବନରେ
ସୁଖ ଶାନ୍ତି ମିଳେ ସୁନ୍ଦର ଧରା ।

ଦୁଃଖ ସୁଖ ସମଭାବରେ ଦେଖିଲେ
ଅଭିମାନ ଅଭିଯୋଗର ସ୍ଥିତି
କେବେବି ଆସେନି ମଣିଷ ଜୀବନେ
ସେ ମଣିଷ ଯାଏ ସବୁଠି ଜିତି ।

୧୨୮ ॥ କହିବାର ଯାହା ଥିଲା

ଧର୍ମ ଅର୍ଥ କାମ ମୋକ୍ଷ ଚତୁର୍ବର୍ଗ
ଫଳ ମିଳେକି ବା ମନ ତାହିଲେ
ବିଭୁ ଶରଣରେ ପରିତ୍ରାଣ ମିଳେ
ସବୁ ଅଭିଯୋଗ କଟିବ ଭଲେ ।

ଅମୃତମୟ ସୃଷ୍ଟିରେ

ତୁମ ଅମୃତମୟ ସୃଷ୍ଟିରେ
ସୁଖର ସକାଳ ବେଳାରେ
ବିଷବଳୟରେ ନିଜକୁ ବାନ୍ଧୁଛି
ନରଖି ବିଶ୍ୱାସ ଭକ୍ତିରେ ।

ତୁମ ଅମୃତମୟ ସୃଷ୍ଟିରେ
ଅନୁପମ ଜୀବଦ୍ଦଶାରେ
ଚନ୍ଦନବନର ମହକ ଖେଳୁଛି
ପଙ୍କରେ ଲୋଟେ ମୁଁ ସୁଖରେ ।

ତୁମ ଅମୃତମୟ ସୃଷ୍ଟିରେ
ଅଧା ଛାଇ ଅଧା ଆଲୁଅରେ
ଆଲୋକିତ ଧରା ହସୁଛି
ହସ ଖୋଜୁଛି ମୁଁ ଅନ୍ଧାରରେ ।

ତୁମ ଅମୃତମୟ ସୃଷ୍ଟିରେ
ଋତୁ ଆସେ ଋତୁ ଉପରେ
ଫଳ ଫୁଲ ଶୋଭା ବଢୁଛି
ସରୁଛି ସମୟ ଖେଳରେ ।

ତୁମ ଅମୃତମୟ ସୃଷ୍ଟିରେ
ସତ୍ୟ ଧର୍ମର ଜୟ ଜୟକାରେ
ମିଥ୍ୟା ଅଧର୍ମର ଚେର ବଢୁଛି
ମୁଁ ବଞ୍ଚୁଛି ମିଛ ଖୋଳପାରେ ।

ତୁମ ଅମୃତମୟ ସୃଷ୍ଟିରେ
ସମ୍ପର୍କ ପର ଆପଣାରେ
ଅବିଶ୍ୱାସର ଉଡ଼ାଣ ଭରୁଛି
ପ୍ରାଣପକ୍ଷୀ ପ୍ରାଣ ହାରେ ।

ଭଲପାଏ ବୋଲି

ସୁଖରେ ଦୁଃଖରେ
ଘୋର ବିପଦରେ
ସବୁବେଳେ ତମେ ଥାଅ
ଦୂର ଆକାଶର
ତାରାକୁ ଦେଖିଲେ
ଆଖିରୁ ଝରଇ ଲୁହ
ବାପା ,କାହିଁ ତୁମଜ ଗଲ କୁହ ।।

ବନ୍ଧୁ ସହୋଦର
ତୁମେ ସବୁ ମୋର
ପିଲାଟି ବେଳୁ ଦେଖିଛି
ତୁମେ ଥାଅ ବୋଲି
ଦୁଃଖ ହୁଏ ଭୁଲି
ଆଖି ସପନ ଦେଖିଛି
ଯାହା ଏଯାଏ ଅଧା ରହିଛି ।।

ସଂସାର ମୋହର
ସୁଖର ଦୁଃଖର
ଏକୁଳ ସେକୁଳ ହୁଏ
ଆଶା ବନ୍ଧ ଭାଙ୍ଗେ

୧୩୨ ।। କହିବାର ଯାହା ଥିଲା

ଉତ୍ତାଳ ତରଙ୍ଗେ
ଆହୁଲା ଆଉଜି ଯାଏ
କୂଳ ଦେଖା ଦୂର ହୁଏ ।
ଆସନ୍ତ କି ଫେରି
ସମୟକୁ ଧରି
ହାତ ବଢ଼ାଇଛି ମୁହିଁ
ଭଲ ପାଏ ବୋଲି
ଅନ୍ତର ଭିତରୁ
ଝୁରି ହେଉଛି ମୁହିଁ
ଆଖି ଲୁହ ବୋଲ ମାନୁନାହିଁ ।।

ତୁମ ଗାଁ

ତୁମ ଗାଁର ଧୀର ପବନ
ମୋ ଦେହ ଛୁଇଁ ଯାଏ
ତୁମ କଥା କାନେ କହେ ।।

ତୁମ ଗାଁର ନଈର ଧାର
ମୋ ଗାଁ ପାଖ ଦେଇ
କଳକଳ ବହୁଥାଇ ।।

ତୁମ ଗାଁର ସୂରୁଜ ଉଠେ
ପୂର୍ବ ଦିଗ ଛୁଇଁ
ମୋ ଗାଁ ଝଲସଇ ।।

ତୁମ ଗାଁର ଗାଈ ଗୋଠରେ
ମୋ ଗାଁର ଗାଈଆଳ
ସଭିଙ୍କର ଜଗୁଆଳ ।।

ତୁମ ଗାଁର ମନ୍ଦିରରେ
ଘଣ୍ଟ ଘଣ୍ଟା ବାଜେ
ମୋ ଗାଁ ଠାକୁର ସାଜେ ।।

ତୁମ ଗାଁର ପରବ ହେଲେ
ମୋ ଗାଁ ଖୁସୀ ପାଳେ
ଏକାଠି ସଞ୍ଜ ବେଳେ ।।

୧୩୪ ।। କହିବାର ଯାହା ଥିଲା

ତୁମ ଗାଁର ସୁଖ ଦୁଃଖରେ
ମୋ ଗାଁ ଆଗ ମିଶେ
ଆପଣାର ବାସ ବାସେ ।।

ତୁମ ଗାଁର ନେତେରି କାଣି
ମୋ ଗାଁର ନାନୀ
ସତେକି ମଉଡ଼ ମଣି ।।

ତୁମ ଗାଁର ଅଖିଆ ଧୋବା
ମୋ ଗାଁ ଘରେ ଘରେ
ଉଜୁଳି କାମ କରେ ।।

ତୁମ ଗାଁର ବାରିକ ସେବା
ମୋ ଗାଁ ବାରିକ ବନ୍ଧା
ଭଣ୍ଡାରି ତାର ଧନ୍ଦା ।।

ତୁମ ଗାଁର ନଖିଆ ନନା
ମୋ ଗାଁ ବ୍ରାହ୍ମଣ
କରେ ପୂଜା ପାରବଣ ।।

ତୁମ ଗାଁର ମିତ ମୋ ଗାଁ
ମୋର ମିତ ତୁମେ
ସମ୍ପର୍କ ଆମର ଜମେ ।।

ଛୋଟବଡ଼

ଛୋଟ ବୋଲି ଅଣଦେଖା
କରନାହିଁ ମତେ
ଛୋଟ ଦୁବ ଘାସ ଦିନେ
କାମ ଦିଏ କେତେ ।।

ଛୋଟ ଶିଶୁ ଓଠଧାରେ
ହସର ଫୁଆରା
ଛୋଟ ଛୋଟ ତାରାଲାଗି
ଆକାଶ ନିଆରା ।।

ଛୋଟ ଛୋଟ ବର୍ଷା ଟୋପା
ମାଟିକୁ ଭିଜାଏ
ସୁଗନ୍ଧ ଚହଟେ ସାରା
ଜଗତେ ଖେଳାଏ ।।

ଛୋଟ ଛୋଟ ଧାନକେଣ୍ଡା
ଖାଦ୍ୟରେ ପ୍ରଧାନ
ଛୋଟ ବୋଲି କଙ୍ଗାଲଙ୍କୁ
ନ ମଣିବ ହୀନ ।।

୧୩୬ ।। କହିବାର ଯାହା ଥିଲା

ଛୋଟ ପିଲା ବାଜିଆର
ବଡ଼ ଥିଲା ମନ
ଦେଶ ଲାଗି ଫିରଙ୍ଗୀଙ୍କୁ
ଦେଲା ସେ ଜୀବନ ।।

ଛୋଟ ପିମ୍ପୁଡ଼ି ବହପ
ବଡ଼ ହାତୀ ଜାଣେ
ନିମିଷକେ ବାଟବଣା
କରିଦବ କ୍ଷଣେ ।।

ଛୋଟ ପରିମାଣେ ଲୁଣ
ସବୁ ସ୍ୱାଦ କାଟେ
ଛୋଟ ନଈ ଧାର ସୁଅ
ଯାଏ ବାଟେ ବାଟେ ।।

ଛୋଟ ଫଳ ବଡ଼ ଗଛ
କୁହୁ ରାଜା ଭାବେ
ଛୋଟ ବୋଲି ସବୁଛୋଟ
ଭାବ ନାହିଁ କେବେ ।।

ଅଲକା ସାନ୍ୟାଲ

ପୁରୁଣା ଲୁଗା ପରି ଏବେ
ଅଲକା ସାନ୍ୟାଲର ଭାଗ୍ୟ,
ନୂଆ ନୂଆ ଆଦରରୁ ଅନାଦର
ଏବେ ତା ଜୀବନର ରଙ୍ଗ ।।

ମୁଁ ସେଇ ଅଲକା କଥା ହିଁ କହୁଛି
ଆଚାର୍ଯ୍ୟ ରୁ ଯିଏ ସାନ୍ୟାଲ୍ ହୋଇଛି
କଲେଜର ରାଣୀ ଥିଲା ଯିଏ,
ଏବେ ସେ ଖବରରେ ଅଛି ପ୍ରାୟେ ।।

ସୁନ୍ଦରୀ ଅଲକା ସାନ୍ୟାଲକୁ
ଝୁଣି ଝୁଣି ଖାଇଥିବା
ମଣିଷରୂପୀ ଶାଗୁଣାମାନଙ୍କୁ
ସବୁଦିନ ଭେଟୁଛି,
କିଛି କୋଉ, କହିପାରୁଛି
ନା କିଛି କରି ପାରୁଛି
ଖାଲି ଯାହା ଅଲକା ସାନ୍ୟାଲକୁ
ଲୁଚି ଲୁଚି ଦେଖୁଥିବାର,
କରଜ ସୁଝାଉଛି ।।

୧୩୮ ।। କହିବାର ଯାହା ଥିଲା

ଅନକା ସାନ୍ୟାଲ, ତମେ
କାହିଁକି ପାଗଳୀ ହେଲ ଯେ !
ତମେ ନିଜେ ବାଛିଥିବା
ନିଜ ଯାତ୍ରା ପଥ ସାରା
କେତେ କଣ୍ଟା ବିଛାଇଥିଲ ଯେ !

ତମକୁ ଆଉ ଲୁଚି ଦେଖିବାର
ଆଶ ନାହିଁ କି ବାସ ନାହିଁ
ତମେ ସବୁବେଳେ ନିଆଁର ଉହ୍ଲେଇ
ଏ ପ୍ରଚଣ୍ଡ ତାତିରେ
ଆଉ ତାତି ଜମା ଲୋଡ଼ା ନାହିଁ ।।

ତମ ସେଦିନ କହିଥିଲ
ପ୍ରେମ ଫ୍ରେମ କିଛି ନାହିଁ
ଜୀବନଟା ପୁରା ସାଧା ସିଧା
କେମିତି ଏମିତି ତୁମ ରୂପ କଥା
ପ୍ରେମ କଥା ରହିଗଲା ଅଧା ?
ଅଳକା ସାନ୍ୟାଲ ବରଂ ଭଲ ହେଲା,
ତୁମ ପାଇଁ ପ୍ରେମ ଆଜି ପାଗଳୀ ହୋଇଲା ।।

ଜୀବନ ଚିନ୍ତା

କୁଆଁ ରାବ ଦେଇ ଜୀବନ ଯାତ୍ରା
ଆରମ୍ଭିଲା ପରଠାରୁ
ଅପ୍ରମିତ ଦୁଃଖ ସୁଖରେ ଗଢ଼ୁଛି
ସ୍ୱପ୍ନ ଝରେ ନୟନରୁ ।

ଅଦେଖା ଭାବରେ କାହା ଇଙ୍ଗିତରେ
ଜୀବନ ନଉକା ଚାଲେ
ଅସରନ୍ତି ଇଚ୍ଛା କାମନା ସହିତ
ବୟସର ରଙ୍ଗ ଖେଳେ ।

ଶୈଶବ କୈଶୋର ଯୌବନ ଜରା
ମୋହରେ ବନ୍ଧା ମଣିଷ
ଦମ୍ଭ ଅହଙ୍କାର ବୃଥା ବାହାସ୍ଫୋଟେ
ସାରେ ବୟସ ଆୟୁଷ ।

ଜୀବନ ମୃତ୍ୟୁର ଖେଳକୁ ନଦେଖି
ନିଜକୁ ଅମର ମଣି
କାମିନୀ କାଞ୍ଚନ ମୋହଫାଶେ ବନ୍ଧା
ନିମିଷକେ ଦିଏ ଟାଣି ।

୧୪୦ ॥ କହିବାର ଯାହା ଥିଲା

ଜୀବନ କେବେ ତ ସୋରିଷ ଫୁଲର
କଅଁଳିଆ ଛାଇ ଖରା
ଜୀବନ କେବେତ ଚଇତାଳି ବାଆ
ରଙ୍ଗ ପିଚକାରୀ ପରା ।

ଆଦ୍ୟ ଆଷାଢ଼ର ବାରିଧାରା କେବେ
ଝାଞ୍ଜି ଖରାବେଳ ବାଆ
ଆଲୋକିତ ଏକ ସତେଜ ସକାଳ
ସୁନ୍ଦର ଜୀବନ ନାଆଁ ।

ଧାଉଛିଁ ବୋଲିତ ସର୍ବତ୍ର ପୁରିତ
ଜୀବନର ନାଗ ଫାଶ
କେ ଅଛି ଏ ଭବେ ବୁଝିଛି ଜାଣିଛି
ଜୀବନର ଭାଗଶେଷ ।

ସ୍ଥାନକାଳ ଭୁଲି ଗଢୁଛି ଜୀବନ
ସୃଜନୀ ଧାରାସୃଷ୍ଟିରେ
ସକଳ ବିଶ୍ୱରେ ଗୋଟିଏ ଆଧାର
ଅଦେଖା ଈଶ୍ୱର ଦୃଷ୍ଟିରେ ।

ଯାତ୍ରା ସଙ୍ଗୀତ

ଜୀବନ ଯାତ୍ରାରେ ଯେ କେତେ ମୁହୂର୍ତ୍ତ
ସ୍ମୃତି ଫରୁଆରେ ବୁଜା
କେତେ ଯାତ୍ରାପଥ ଅତିକ୍ରମ କଲି
ଏଯାଏ ଅଛି ଅବୁଝା
କେଉଁଠି ଲୁଚିଛି ଯାଇ
ମୁକ୍ତିତୀର୍ଥ ଜଣାନାହିଁ
ତଥାପି ଚାଲିଛି ଆଗପଛ ହୋଇ
ସାଥେ ମୃତ୍ୟୁ ସାହାନାଇ ।

ଆଖିବୁଜି ଚାଲେ, ଅନ୍ଧ ନୁହେଁ ସତ
ବିଶ୍ୱାସ ମୋହର, ଛାଡ଼ିବନି ହାତ
ଯେବେ ମୁହଁ ଫେରାଇବ
ଅନ୍ଧାର ଘୋଟି ଆସିବ
ମୃତ୍ୟୁ ଡାକିବ ସାଙ୍ଗେ ଟାଣିନେବ
ତଥାପି ମୋ ସାଥେ ଥିବ ।

ଉଦିତ ସୂର୍ଯ୍ୟର ଆଭା ଆଲୋକିତ
କରେ, ସବୁ ଯାତ୍ରା
ତୁମଠାରେ ଶେଷ

ଯନ୍ତ୍ରଣା ପୁରିତ ଯାତ୍ରାରେ
ରାସ୍ତାର ଖରା ଛାଇରେ
ତୁମେ ଅଛ ମୋର ସୁଖ ଦୁଃଖରେ ।

ଯେତେ ବାଧା ବିଘ୍ନ ଝଡ଼ ଝଞ୍ଜା ଆସୁ
ଆସୁ ଯେତେ ପାପ ପୁଣ୍ୟ ଫଳ ପ୍ରସୁ
ସବୁକିଛି ଠିକ୍ ହେବା ଆଶ
ରହିଥାଉ ଏ ବିଶ୍ୱାସ
ଯାତ୍ରା ହେଉ ତୁମ ନାମେ ଶେଷ ।

ଜୀବନ ଯାତ୍ରାରେ ତୁମ ନାମ ସାହା
ସାମର୍ଥ୍ୟ ବି ତୁମ ନାମ
ଅଳୀକ ସଂସାର ବୁଝେନାହିଁ ସତ
ପ୍ରେମ ତୁମ ଅନୁପମ
ଅହଂ ଭରା ଯାତ୍ରା ମୋର
ଲୋଭର କାୟା ବିସ୍ତାର
ହିସାବ ନିକାଶ କର୍ମଫଳ ଭୋଗ ପରେ ।

ଜୀବନ ଆୟୁଷ ଯାତ୍ରାରେ କାଟିଛି
ଯାହାବି ସୁକର୍ମ ଅକର୍ମ କରିଛି
ସାତଖୁନ୍ ମାଫ୍ କରି
ଆସୁପଛେ ମୃତ୍ୟୁ ଅରି
ଉଦ୍ଧାରିବ ମତେ ଦୟାକରି ।

ପୁଷ୍ପାଞ୍ଜଳି ପଣ୍ଡା ॥ ୧୪୩

ପ୍ରିୟ ଭୂମି

ଚୈତ୍ରର ଶେଷେ
ବୈଶାଖ ପ୍ରବେଶେ
ଆଦ୍ୟ ମାସ ହୁଏ ମେଷ
ଉତ୍ତରାୟଣରେ
ବିଷୁବ ରେଖାରେ
ଚଳନ୍ତି ପ୍ରଭୁ ଆଦିତ୍ୟ
ଆଜି ଓଡ଼ିଆ ନୂଆ ବରଷ
ସର୍ବେ ମୁଖ ହସ ହସ ।

ବୀର ହନୁମାନ
ଲଭିଥିଲେ ଜନ୍ମ
ବିଷୁବ ସଂକ୍ରାନ୍ତି ଆଜ
ମେରୁ ଯାତ୍ରା ହୁଏ
ପଣା ପାନ ହୁଏ
ପ୍ରଖର ରବିଙ୍କ ତେଜ
ଆଜି ଓଡ଼ିଆ ନୂଆ ବରଷ
ସର୍ବ ମୁଖେ ହସ ହସ ।

୧୪୪ ॥ କହିବାର ଯାହା ଥିଲା

ଦାରୁଣ ନିଦାଘ
ତାପ ଉଦ୍‌ଗିରଣ
ଗ୍ରୀଷ୍ମ କଷ୍ଟ ଆରମ୍ଭିଲା
ଚଡ଼କ ପର୍ବର
ଝାମୁ ଯାତରାର
ମେଲଣ ମେଳା ଲାଗିଲା
ଘଣ୍ଟ ପାଟୁଆ ନାଚରେ
ଦଣ୍ଡ ନାଚର ଭକ୍ତିରେ
ଦିବ୍ୟ ଜ୍ୟୋତି ପ୍ରକାଶିଲା
ଆଜି ଓଡ଼ିଆ ନୂଆ ବରଷ
ସର୍ବ ମୁଖେ ହସ ହସ ।

ଅପୂର୍ବ ଶୋଭାର
ଅମୃତ ପଣାର
ରସ ପେୟ ତୃପ୍ତି ଦାନ
ବୃନ୍ଦାବତୀ ଲାଗି
ବସୁନ୍ଧରା ଠେକି
ଜଳବିନ୍ଦୁ ସମର୍ପଣ
ଦିନଲିପି ପଞ୍ଜିକାର
ଜଗନ୍ନାଥ ସଂସ୍କୃତିର
ନୂଆବର୍ଷ ରପ୍ରମାଣ
ଆଜି ଓଡ଼ିଆ ନୂଆ ବରଷ
ସର୍ବ ମୁଖେ ହସ ହସ ।

ସୂର୍ଯ୍ୟଙ୍କ ପ୍ରଖର
ପ୍ରକୋପ ହୁଅଇ
ରୌଦ୍ର ତାପ କାଟିବାକୁ
ଛେନା କ୍ଷୀର ଦହି
ନବାତ ଗୁଡ଼ର
ପଣା ମିଳେ ପିଇବାକୁ
ତନୁ ମନ ଶୀତଳତା ଭରେ
ପାଟୁଆ ନାଚ ଶକ୍ତି ପୀଠରେ
ଆଜି ଓଡ଼ିଆ ନୂଆ ବରଷ
ସର୍ବ ମୁଖେ ହସ ହସ ।

ଓଡ଼ିଶାର ସ୍ଥିତି
ଓଡ଼ିଆ ସଂସ୍କୃତି
ଅନୁସାରେ ପରମ୍ପରା
ବାରମାସେ ତେର
ପରବ ପାଳନ୍ତି
ପ୍ରାଚୀନ ଏ ଜାତି ପରା
ବିକ୍ରମଙ୍କ ରାଜ୍ୟାଭିଷେକ
ପୂଜା କରେ ସୌର ଉପାସକ
ଆଜି ଓଡ଼ିଆ ନୂଆ ବରଷ
ସର୍ବ ମୁଖେ ହସ ହସ ।

୧୪୬ ।। କହିବାର ଯାହା ଥିଲା

ଜଳ ସଂକ୍ରାନ୍ତିରେ
ଓଡ଼ିଶା ଉପରେ
ବାୟୁଗତି ବଢ଼ିଯାଏ
ଅଗ୍ନି ବର୍ଷାରେ
ପ୍ରଚଣ୍ଡ ପ୍ରହାରେ
ହନୁମାନଙ୍କର ପୂଜା ହୁଏ
ସବୁ କାମ ଶୁଭ ହୁଏ
ପଣା ସଂକ୍ରାନ୍ତି ଇଏ
ଆଜି ଓଡ଼ିଆ ନୂଆ ବରଷ
ସର୍ବ ମୁଖେ ହସ ହସ ।

ତାରକାର ଲୁହ

ଯେବେ ଅନ୍ଧାର ଘନେଇ ଆସେ
ହୋମ ନିଆଁ ଲିଭି
ଜୁଇ ଜଳୁଥାଏ
ଧୂଆଁ ଆକାଶ ସହିତ ମିଶେ ।

ସରନ୍ତି ରାତି କି ଦିନ
ନିଜକୁ ଏକଲା ପାଏ
ଆଖି ଲୁହ ଝରୁଥାଏ
ସମୟ କାଟିବାର ନାଁ ଜୀବନ ।
ସବୁ ପ୍ରତିଶ୍ରୁତି ମିଛ ଏଠି
ଫିଟିଥିବା ହସ୍ତ ଗଣ୍ଠି ଫିଟିଯାଏ
ଜୀବନ ସାଥିର ହାତ ଧରି ଧାଏଁ
ଯୋଡ଼େ ସମ୍ପର୍କର ଅଠାକାଠି ।

ମିଞ୍ଜି ମିଞ୍ଜି ତାରକାର ଲୁହ
ଦୂରେ ମିଶିଯାଏ
ଖସିପଡୁଥାଏ
ଇଚ୍ଛା ପୂରଣର ଏ ସମୟ
ଜହ୍ନ ଲୁଚାଉଛି ମୁହଁ ।

୧୪୮ ।। କହିବାର ଯାହା ଥିଲା

ଜଳି ଜଳି ମରୁଥାଏ
ଆଖି ଭିଜୁଥାଏ
ପୃଥୀ ଭିଜିଯାଏ
ଅଦେଖା ତାରକା ଲୁହ ।

ଆଲୋକିତ ଧରା ଯେବେ
ଆକାଶରେ ପୂର୍ବଭାଗେ
ଉଇଁଆସେ ଠେଲି
ଅନ୍ଧକାର ପେଲି
ଥାଇ ବି ଲୁଚଇ ନଭେ ।

ଶଶି ଗଗନେ ତାରକା ମେଳେ
ଦାଉ ଦାଉ ଜଳେ
ତାରକା ଦୋହଲେ
ରୂପା ଫୁଲ ଟୋପା ଝରେ ଧିରେ ।

ତାରକା ଆଖିର ଲୁହ
ମିଶିଥାଏ କୋହ ସହ
ଫେଣ୍ଟା ଫେଣ୍ଟି କରି
ଯାଏ ସେ ଉତୁରି
ଏକାକାର ଲୁହ କୋହ ।

ଜୀବନ ସଂଗୀତ

ଯନ୍ତ୍ରଣାର ଜ୍ୱାଳା,
ଉପଶମ ହେଲାପରେ
ଛନ୍ଦ ତୋଳେ ସୁଖ
ଆସରରେ ଖୁସୀ ନାଚିଯାଏ
ବେଦନା ଛୁ ମନ୍ତର,
ତୁମ କାଉଁରି ପରଶରେ ।।

ତନୁମନ ପୁଲକିତ
ଥରଥର ଥରୁଥିବା ଦେହ ସାରା
ଖେଳୁଥାଏ ଦୋଳି,
ବଢୁଥାଏ ଉଷୁମ କମ୍ପନ ।
ଦୁଃଖ, ଯନ୍ତ୍ରଣା ନିରର୍ଥକ ସେତେବେଳେ
ଏବେ ଖୁସୀ ପାଳିବାର ସମୟ
ସବୁ ପରିତୃପ୍ତିର ସଞ୍ଚ
ସମାପ୍ତ ସେଇଠି ବୋଧେ !!

ଧୀରେ ଧୀରେ କମ୍ପନ କମୁଥାଏ
ଖେଳ ଜମୁଥାଏ
ଆଖି ବୁଜି ପଡ଼ିଥିବା
ଦେଇ ଦେବାର

୧୫୦ ।। କହିବାର ଯାହା ଥିଲା

ଖେଳରେ ଜିତି ଯିବାର ଜିତାପଟ୍
ଛୁଏଁ ଆକାଶ ।।

ଭୂମି ଭୂମା ଏକାକାର
ଆଉଯାହା ବାକିଥାଏ
ସଂସାରର ତେଲ ଲୁଣର
ଅଭାବ ଅନାଟନର ,ସମ୍ପର୍କର
ଦୁନିଆ ପରଦାରେ
ଅନନ୍ତ ବ୍ୟାପ୍ତିରେ
ଚରମ ସୁଖରେ ।।

ସୂର୍ଯ୍ୟ ଉଏଁ ନଦୀ ସେପାଖରୁ,
ପୂର୍ବ ଦିଗରୁ
ମନ୍ଦିର ଆଳତୀର ଘଣ୍ଟ, ଘଣ୍ଟା
ମନ୍ତ୍ରଧ୍ୱନୀ ଶୁଭେ
ବଦଳୁଥାଏ ଜୀବନର ଛନ୍ଦ
ଭକ୍ତି ଭାବ ଟାଣିନିଏ
ଦି ହାତକୁ ଯୋଡ଼ି ଇଏ
ଛୁଇଁ ଯାଏ ହୃଦୟର ବାହାର ଭିତର ।।

ଜୀବନ ସଙ୍ଗୀତ ସବୁବେଳେ
ଫେଣ୍ଟାଫେଣ୍ଟି,
ସାତସୁରକୁ କାଟି
ନୁଆ ରାଗ ରାଗିଣୀର

ସୁର ତାଳ ଲୟ
ଭାରି ଶ୍ରୁତିମଧୁର, ଲୋଭନୀୟ
ଗାଉଥାଏ ଆରୋହ, ଅବରୋହ
ରାତ୍ରିର ଦ୍ଵିତୀୟ ପ୍ରହର
ଗାଇବା ସମୟ ॥

ଗାଢ଼ କଳା ଅନ୍ଧାର ମାଡ଼ିଲେ
ନିଜକୁ ସଜେଇବାକୁ ,
ହଜେଇବାକୁ
ଭୁଲିଯିବାକୁ
ଖୋଜିବାକୁ
ଚେଷ୍ଟା ଚାଲେ ,
ମଜା ଗୋଟାଇବାର
ପ୍ରଚଣ୍ଡ ପ୍ରଚେଷ୍ଟା ଚାଲେ
ଜୀବନ ସଙ୍ଗୀତ ବୋଲେ ।

କବିତା ଓ କଙ୍କାଳ

ନିରୀହ ଆଖିରେ ନୀଳ ଆକାଶରେ
ନିଆଁଝୁଲ ଦେଖୁଥାଏ
ଅଙ୍କୁରିତ ହୁଏ ଭରସାର ଆସ୍ଥା
ନିୟମେ ନିଶ୍ଚିନ୍ତ ହୁଏ
ପ୍ରକୃତି ପୀୟୂଷ ଦିଏ ।

ସ୍ୱଦଶିକ୍ତ କାୟା କାନିପାତିଥାଏ
ଦେଖି ଅଗ୍ନି ଉଦ୍‌ଗିରଣ
ଜଳଂଦେହି କହି ତୁର୍ଯ୍ୟ ନାଦକରେ
ଲୋଡ଼େ ସ୍ନିଗ୍ଧ ସମୀରଣ ।

ପ୍ରାଣ ଉର୍ଜନାର ରାହା
ପ୍ରକମ୍ପିତ ମହୀ ଆହା
ଅସହ୍ୟ ଉତ୍ତପ୍ତ ଅବ୍ୟକ୍ତ ବ୍ୟକ୍ତରେ
ଝୁରେ ସହସ୍ର ଶ୍ରାବଣ ।

ତପ୍ତ ତନୁମନ ଖୋଜେ ନଭେ ଘନ
ବିଷମ ଗ୍ରୀଷମ ବେଳା
ପ୍ରକୃତି ନିୟମ ବିଭୁ ନିୟନ୍ତ୍ରଣେ

ଜାଣି ବି ହୁଏ ବାଉଳା
ସ୍ୱସ୍ତି ଅନୁକମ୍ପା ବହି
ଶୀତଳ ଛାୟା ଦେଇ ।

ନିଗାଡୁଛି ରକ୍ତ ନିରାଶ ସାୟାହ୍ନ
ସମୟ ବି ନିରୁତ୍ତର
ନିଖୋଜ ପବନ ସବୁଜିମା ଶୂନ୍ୟ
ଦୋଷ କିବା ବସୁଧାର !
ବିଜ୍ଞାନୀ ସାଜି ଅଜ୍ଞାନ
ବଢ଼ାଉଛି ପ୍ରଦୂଷଣ
ଉଗ୍ର ତୀବ୍ର ଗତି ଧରିଛି ଧରିତ୍ରୀ
ଲୋଡ଼ା ପଡେ ସଂକଳ୍ପର ।

ଝାଲିଜାଉ

କାଚକେନ୍ଦୁପାଣି ଗଡ଼ିଆ ତୁଠରେ
ବଖାଣେ କରୁଣ କଥା
ପରିଆ ମାଆର ସାହସ ପାଇଁକି
ଗାଁ ଟେକେ ଆଜି ମଥା ।

ଦୈବୀପଣ ଆଉ ଐଶ୍ୱରୀୟ ଶକ୍ତି
ଠୁଳ ଯେ କେମିତି ହେଲା
ଗ୍ରାମବାସୀଙ୍କର ଜୀବନ ରକ୍ଷାରେ
ପରିଆ ମା' ଜୀବ ଦେଲା ।

ଅନେକ କହର ବାତ୍ୟା ମରୁଡ଼ିର
ସାମ୍ନା କରିଛି ଗାଁ
ହେଲେ ମହାବାତ୍ୟା ଟପିଗଲା ସବୁ
ଉଜାଡ଼ିଲା ଗାଁ ନା।

ସୁ ସୁ ବହି ପବନ ଆସିଲା
ଅଣଚାଶ ବେଗୁ ବଳି
ଛଟ୍ ଛାଟ୍ ହୋଇ ଗୋରୁ ଗାଈସବୁ
ଯେତେବେଳେ ଗଲେ ଟଳି ।

ସବୁ ଚାଳଘର ଉଡ଼ିଲା ଛପର
ଉଠିଲା ପଡ଼ିଲା ଘର
ଅଛୁଆଁ ପରିଆ ମାଆ ଖୋଲିଦେଲା
ନିଜେ ଥିବା କୋଠାଘର ।

ଦି ବଖୁରିଆ କୋଠାରେ ରହିଲେ
ଶହେ ସରିକି ଲୋକ
ଠେଲି ପେଲି ହୋଇ ଭୁଲିଗଲେ ପରା
ପରିଆ ମାଆର ଡାକ ।

ବର୍ଷା ଥମିଲା ବାତ୍ୟା ଚାଲିଗଲା
ଶ୍ରୀହୀନ ଗାଁର ବେଶ
କିଏ କହୁଥିଲା ପରିଆ ମାଆତ
ଦେଖାଯାଉନାହିଁ ଲେଶ ।

ଡାକି ହାକି ନେଇ ଘରେ ରଖିଥିଲା
ଗାଁ ସାରା ପରିବାର
ବାତ୍ୟା ଗଲାପରେ ଦେଖିଲେ ସରବେ
ମାତ୍ର ଲୁଗାଖଣ୍ଡେ ତାର ।

କାହିଁ ଗଲା ସେତ ଖୋଜା ପଡୁଥିଲା
ମୁରବି କହିଲେ ଦେଖ
ପରିଆ ଜୀବନ ଦେଶପାଇଁ ଗଲା
ମାଆ ରଖେ ଗାଁ ଟେକ ।

୧୫୬ ।। କହିବାର ଯାହା ଥିଲା

ବାତ୍ୟା ସ୍ମାରକରେ ପରିଆ ମାଆର
ନା ସହ ଘର ଦେଇ
ଏବେ ବି ବାତ୍ୟା ଆସିଲେ ଗାଁରେ
କେହି ବି ଡରନ୍ତି ନାହିଁ ।

ଠାକୁରାଣୀ ହୋଇ ବୁଲି ପରିଆ ମା'
ମଙ୍ଗଳ ମନାସୁଅଛି
ଗଲା ଆଇଲାରେ ସଭିଙ୍କ ଉପରେ
କରୁଣା ବରଷୁଅଛି ।

ମୁକ୍ତି

ଟେକ ଜୀବନ ଯନ୍ତ୍ରଣା ଦେଲା
ସୁଖ ସବୁ ଦୁଃଖ ହେଲା
ତଥାପି ବଞ୍ଚିବା ଆଶା ସରେ ନାହିଁ
ଯଦିବା ମୁକ୍ତିର ପଥ ମୁକୁଳା ।

ଅନ୍ଧାର ରାଜୁତି କରେ
ଆଲୋକ ଲୁଚିଛି ଡରେ
ସତ୍ୟ ଫସିଛି ମିଥ୍ୟା ଘେରରେ
ମୁକ୍ତି ହେବା ଆଶାରେ ।

ସଂସାରର ମାୟା ମୋହ
ଲୋଭରୁ ମୃତ୍ୟୁ ଥୟ
ତଥାପି ଚାହେନା ଛାଡ଼ିଯିବା ପାଇଁ
ମୁକ୍ତି ତ ସହଜ ନୁହଁ ।

ଜଞ୍ଜାଳ ଜହର ଚଢ଼େ
ବୟସ ପାହାଚ ବଢ଼େ
କଟିଯାଏ କେତେ
ବିନିଦ୍ର ରଜନୀ
ମୁକ୍ତି ପଥେ କଣ୍ଟା ପଡ଼େ ।

ଜନ୍ମ ମୃତ୍ୟୁ ଚକ୍ର ଯାହା
ମୁକ୍ତି ଅଲଗା ରାହା
ଯାଣିବି ଚାଲିବା ସତ୍ୟ ପଥେଯିବା
ମୁକ୍ତି ଦାତା ଏକା ନାହା ।

www.ingramcontent.com/pod-product-compliance
Lightning Source LLC
LaVergne TN
LVHW041707060526
838201LV00043B/615
* 9 7 8 8 1 9 6 4 1 4 0 7 8 *